MARINO GIANNUZZO

RIFLESSI

E ALTRI VERSI

MAGI Editore

Titolo | Riflessi e altri versi
Autore | Marino Giannuzzo

ISBN | 978-88-91178-44-2

Youcanprint Self-Publishing
Via Roma, 73 - 73039 Tricase (LE) - Italy
www.youcanprint.it
info@youcanprint.it
Facebook: facebook.com/youcanprint.it
Twitter: twitter.com/youcanprintit

Foto di copertina: "Inverno", olio su tela dell'autore

Ai miei nipoti tutti

presenti e futuri

Presentazione

– 5 –

I fatti, gli eventi, le circostanze, le manifestazioni, le parole, i suoni, i fenomeni, tutto ciò che transita su questo minuscolo globo di terra e quanto percepiamo in modo naturale o meccanico, giunge ai nostri sensi e/o al nostro intelletto come su uno specchio e rimbalza dal nostro intimo su altri sensi e/o su altri intelletti, provocando azioni e/o reazioni, che si manifesteranno ulteriormente secondo la natura, la fantasia e le capacità di ciascuno dei percettori.

I miei versi sono il prodotto di circostanze e avvenimenti che dalla natura e dalla società il mio intimo riceve, evolve e restituisce, modificato o semplicemente come l'ha percepito. Come raggi di sole RIFLESSI da uno specchio, destinati a suscitare, per mezzo di altri specchi nuove sensazioni, nuove reazioni, nuovi riflessi.

Alcamo, 27.12.2013 ore 13,15

Marino Giannuzzo

Prefazione e commenti
a cura di Antonio Magnolo

Dal Cuore alla Mente

Da quanto si evidenzia nell'ordine cronologico, la silloge "*RI-FLESSI*" si compone di centoundici poesie, dall'01.11.2008 al 30.12.2013. Cinque anni e due mesi in cui l'estro poetico ha toccato le problematiche più varie che però traggono ispirazione, poche sono le eccezioni, dalla vita di tutti i giorni, così come vista e vissuta da chi ha accumulato tanta e tanta esperienza.

Un'altra considerazione voglio aggiungere sul percorso poetico, perché mi sembra proficuo per definire meglio lo stile raggiunto dall'autore in questo periodo e che si ricollega, uniformandosi, a quello già visto ed evidenziato in "Istantanee". Occorre, quindi, aver presente tutta la sua produzione. Ben più di quattrocento componimenti sono stati raccolti in sillogi:

- *Riflessi*;
- *Versi Sparsi* (pubblicata nel settembre 2003);
- *Istantanee* (pubblicata nell'aprile 2009);
- *Versi Adolescenziali (in appendice)*;

Mi sembra di cogliere il filo logico che lega queste sillogi, individuando il percorso di vita e di sentimenti che nei vari periodi hanno assillato il poeta: dall'istinto alla ragione, o dal cuore alla mente, o dalla passione alla filosofia. E non tragga d'inganno quella "passione"; essa ha il significato letterale di modificazione, che l'anima subisce per effetto delle varie evenienze della vita, e quindi risposta per trovare adeguata soluzione alle problematiche che fortemente spingono all'emotività ed ispirano passione.

Nucleo, intorno al quale si sviluppa la passione-reazione, è l'avvertita carenza di affetto, a cui corrisponde la ricerca per riempire questo vuoto. Lo stesso superamento delle difficoltà economiche, incontrate in gioventù, è propedeutico, e quindi finalizzato, a costruirsi intorno un saldo baluardo d'affetti, per non sentirsi mai più solo. Questa esigenza compenetra in modo esaustivo la silloge "*Versi Adolescenziali*", e in modo preponderante le prime due fasi di "*Versi Sparsi*". Ben altro tono hanno le poesie di "*Istantanee*" così come in queste ultime di "*Riflessi*". A rischio di ripetermi, le poesie delle prime due sillogi sono scritte d'istinto, con il cuore, nelle altre predomina la ragione: emozioni tradotte, quindi, dalla mente. È indubbio che cuore e sentimento stimolino l'estro più della ragione e della mente. Il lettore sente di più e più profondamente le poesie che traducono lo struggimento di passione che il poeta ostenta vergando, scolpendo, con parole aspre e dure o con altre cariche di nostalgia i suoi versi.

Le altre poesie si caratterizzano nell'evidenziare la capacità del poeta di scandagliare aspetti naturali, caratteristiche di personaggi, macchiette caricaturali non rare e da tutti conosciute nei paesi. Il poeta diventa filosofo, così è la vita par che dica; a nulla vale la gloria per momentanei effimeri successi, a nulla lo scoramento per sconfitte tanto comuni. Piuttosto gli dà, e ci dà, fastidio il constatare che spesso nel bisogno trionfa l'egoismo e la viltà, proprio là dove l'altruismo e il coraggio sarebbero più necessari. Così va il mondo, lasciamo al poeta la soddisfazione di usare la sua frusta con i versi, e a noi lettori spontaneo il sorriso …, perché vano e inutile è il desiderio di cambiamento, e l'apostrofare, e i rimbrotti …, solo sterile e momentaneo sfogo.

Sogliano Cavour 23. 01. 2014

Antonio Magnolo

Anno 2008
Eternità

L'ultima poesia di "*Istantanee*" ha la data del 06. 08. 2008, un anno, peraltro, di minor produzione poetica. Probabilmente l'estro, dopo quella nutrita silloge, si è preso un attimo di quiete. E forse non è di poco conto il periodo in cui l'estro si ridesta. '*Poesie novembrine*', queste prime tre, che aprono la nuova silloge. Diversi sono, certamente, gli argomenti trattati dai testi, ma li sorregge un unico tono in sintonia con il mese: - Novembre …, il mese della rimembranza. Proiettato in un prossimo futuro vivrà di ricordi, li conserverà preziosi tesori nello scrigno del cuore; insieme alle gioie degli affetti familiari, alle ansie e le apprensioni per quanto il futuro potrà serbare ai propri cari, nella certezza amara di non poter recare aiuto. E come se avvertisse l'avvicinarsi, ma solo nel pensiero, dell'inevitabile distacco che separerà i corpi ma terrà unite menti, cuori ed anime.   In tutti e tre i testi il pensiero dell'eternità, che libera dai gravami della quotidianità impellente e mette le ali per un viaggio verso liberi cieli, dove è possibile ritrovarsi in una vita senza spazio e senza tempo …, per l'eternità.

Figli

Le sembianze vostre
figli
ho nel cuore.

Voi non passerete
come l'eternità
non passa
agli occhi miei.

Io me ne andrò ridendo
di questa vita insulsa
io me ne andrò gioioso
al cospetto dell'Eterno.

Ma rivivrò eterno
tra di voi.

Alcamo, 01.11.08 ore 23,40

Eternità

Dopo la vita
resterò con te
viandante
perché la mia materia
vagherà a te
eterna intorno.

Muterà forma
muterà sembianza
ma l'essenza mia
tra gli esseri viventi
sulla terra
immutata resta.

Mi vedrai mutato
in un filo d'erba.

Mi vedrai mutato
in una fonte d'acqua
che dal monte scende
cristallina e pura
al verde piano.

Mi vedrai splendente
nei lucenti occhi
di vergine fanciulla.
Rivivrò eterno
mutando forma e stato
rivivrò eterno
sulla terra.

Alcamo, 10.11.08 ore 8,55

Sacra legge

La legge del furfante
il complice promulga.

Questi i paladini
della proprietà
estorta con soprusi
inganni e tradimenti
forse dai padri
forse dagli avi
o forse da parenti
ignoti e occulti.

La legge è legge
è spietata e dura.
È sacrilegio
non averne cura.
Fino al giorno in cui
una rivoluzione
non sovverte il mondo.

Alla sacra legge
appello fa il furfante,
ma il furfante nuovo
obietta sveltamente:
la legge antica
è la mia garante.

Tutto ritorna
ai ladri ed ai furfanti
che in alternanza
a nuovi ladri
e ad altri delinquenti
rimetteranno
in futuri tempi.
Restano gli onesti,
cosiddetti giusti,
eternamente
miseri e contenti.

Alcamo, c/da Gammara Molinello,
18.11.08 ore 14,30

Anno 2009
Malinconia

Non sempre è facile individuare il tema di sottofondo che connota vari testi poetici: contenuti diversi portano l'estro ad esprimere diversi sentimenti. Ciononostante ricorre in questi testi, a volte evidente, a volte più nascosta, una nota di melanconia che è propria di una poesia razionale, acquisita in esperienza di vita, e che reputa eccessivo l'affanno di voler dar corso a fatti e avvenimenti secondo i propri convincimenti o i propri desideri.

Così va il mondo, malgrado e a dispetto delle nostre migliori intenzioni; è possibile solo partecipazione solidale a chi, dalla vita, riceve solo schiaffi, e porgere una mano o anche solo una parola di conforto. Non è di poco conto la consapevolezza dell'età, non certo in fiore, quando si è all'ultimo tratto, si spera ancor lungo, del proprio cammino; il rendiconto, anche se non in perdita, tra sogno e realtà, tra progetti e realizzazioni, è pur sempre cosa seria. Quanto è rimasto solo abbozzato?! Ed ecco il senso dei versi:
"Or la tristezza
sul fare della sera
incupisce il cuore.",
mentre dall'animo una *"voce … / silente torna e fiera"*.

Noia e malinconia colorano giorni grigi e tutti eguali, anche *"le cime"* irraggiate di sole non regalano sorrisi di gioia ai *"pescatori / che desolati all'alba"* fanno rientro nelle case col magro bottino. E forse non sarà sufficiente il sorriso dei propri bimbi, o la parola e la carezza di conforto della propria donna.

Voce che sale

Voce che sale
pura come fiamma
in primavera
dal verde campo
odi in lontananza.

Voce palpitante
silente torna e fiera
agli antichi ardori
sparsi nei campi
verdeggianti e puri.

Alcamo, 11.01.09 ore 21,25

Nicolinsulina

C'è in giro un tale
che nome ha Nicola.
Somiglia ad una vipera
ha testa triangolare.

È schifoso rospo
tronfio e puzzolente
che con bastone lungo
è da allontanare.

Schizza dagli occhi suoi
odio e vituperio
dalla bocca sputa
solo maldicenza.

Torvo ha l'occhio
buia è la sua mente
il cuore ha nero
di bile e di sgomento.

Nessuno l'ama
nessuno l'avvicina

perché ha nero l'animo
perché ha nero il cuore.

Per tutti ha il nome,
nessuno sa perché,
di Nicolinsulina.

Alcamo, 03.02.2009 ore 20:25

Scoglio

Quando allo scoglio
la burrasca arriva
l'onda spumeggiante
in alto schizza.

L'alga rappresa
alla rugosa roccia
torna con l'onda
nel marino abisso.

Luminoso resta
dopo la burrasca
il tormentato scoglio
ridente ai venti e al sole.

L'onda l'ha lavato.
Purificato resta.

Alcamo, 24.02.09 ore 5,25.

Dietro i vetri

Dietro i vetri
della finestra antica
mira la madre
il figlio suo viandante
senza meta.

La morte non le fa paura.
Andrà via in silenzio.

Ma se n'andrà con lei
anche la speranza
della filiale
felicità perduta.

Alcamo, 02.03.09 ore 23,15.

Padre

Contro il tuo naso il mio
nell'illusione buffa
di potertelo schiacciare
piccolo monello
intento a farti ridere
senza farti male
nella vecchiaia vedo,
padre mio.

Un tenue colpo
dell'incerta mano
nel ricordo torna
sull'anca mia
mentre seduto
sono a te vicino.

Al tuo cospetto torno
per domandar perdono
a dimostrar l'affetto
che con parole amiche
io non seppi dire.

Gli occhi fissi tuoi
ho negli occhi miei
validi compagni
nella mia salita.

Or ramingo vado
ramingo per il mondo
e seguo la tua scia
in cerca d'una meta
che non trovo,
meta indefinita.

Alcamo, 04.03.09 ore 23,50.

Gratitudine

La gratitudine
è come una fanciulla
cortese e lusinghiera.

Se la stringi al seno
t'accalora.

Appaga i sensi tuoi
scioglie i tuoi rancori
rende più felici
i giorni tutti.

Polla d'affetto
è la gratitudine
d'amor sorella
se tu l'accarezzi.

Sfavillan gli occhi tuoi
se l'incontri,
a un cenno di sorriso
hai la gioia in cuore.

*Alcamo, c/da Gammara Molinello
26.03.09 ore 18,50*

Corna

Vedove e sposate
sollazzano gioiose
sull'ali fantasiose
immense d'internet.

Viaggiano le corna
reali e virtuali
con desideri tanti
inappagati.

I siti d'internet
se visiti non visto
le corna prospicienti
tu vedrai.

Eva novella
tu vedrai adorata
dall'attempato Adamo
a debita distanza.

Più in là Melinda
infocata scorgi
che ha parole miste
di gioia e di tristezza.

Il corteggio piace
a nubili e sposate
a vedove gementi
ma pure a fidanzate.

L'attempato illuso
che forze più non ha
troverai ramingo
cercar chi l'accarezzi.

Per lui non c'è pietà.

Le corna tu vedrai
reali e virtuali
sull'ali fantasiose
viaggiare d'internet.
Alcamo, 03.05.09 ore 10,15

Odio

Odio negli occhi
iniettati a sangue
per la compagna
di viaggio tuo
ho visto.

Fiumi di bile
su di te ha versato.

Annientato ha
questa tua esistenza
maledetta ha
ogni tua carezza.

Sei tu il matto
che la compatisci
e lei la pazza
che pure ti sopporta.

Bile e veleno
nelle arterie scorre.
Bile e veleno
il vostro nutrimento.

Alcamo, c/da Molinello 12.07.09 ore 18,40.

Pinuccia

Si disse ch'era morta suicida
Pinuccia,
piccola donna delle pulizie.

Si disse che era stata fortunata
perché da bimba
l'avevano adottata.

Morirono gli sposi,
ognuno col suo tempo,
e sola fu Pinuccia
abbandonata.

Si disse che l'avevano stuprata,
si disse che facea favori a letto.

Col cappio al collo
un torrido meriggio
la povera Pinuccia
fu trovata.

Non ebbe amici
non ebbe mai parenti.
Indifesa e sola
Pinuccia se n'è andata.

Alcamo, c/da Gammara Molinello
01.08.09 ore 14,15

Olive

Occhi di fanciulle
vispi tra il fogliame
civettuole guardano
le belle olive nere.

Sembrano specchi
riflettenti il sole.
Sembrano lucciole
che risveglia amore.

Queste le olive
tra i contorti rami
sui tronchi secolari
dei giochi miei infantili.

Non brillan più
teneri gli occhi e vispi
delle fanciulle
compagne dei miei giochi
tra gli alberi di ulivi.

Delle fanciulle
adolescenti e dolci
svanite nell'oblio
negli anni vecchi e tristi.

Alcamo, c/da Gammara Molinello
01.08.09 ore 15,00

Grazie, Signore.

Grazie, Signore,
della giornata
piena di salute
che m'hai voluto dare,
nella giornata
che con nessuno
m'hai fatto litigare,
dell'arrosto
che sulla brace
rovente
non m'è venuto male,
del vino nero
che m'ha fatto vacillare,
della buona digestione
che m'hai fatto fare.

Grazie, Signore,
di queste ed altre cose
che non ho saputo dire.

Grazie, Signore.

Alcamo c/da Gammara Molinello,
07.08.09 ore 23,55

Ricchezza

In libertà seduto
sono ricco
se la montagna miro
con le protuberanze
in ciel stagliate
con i boschi verdi
al cocuzzolo.

Io sono ricco
se il mare scruto
lucido al mattino
al tramonto crespo
con i riflessi
delle cime spoglie
o delle case bianche
dai tetti piani o aguzzi
e colorati.

La ricchezza mia
esposta è al sole
è dinanzi a tutti
senza casseforti
in mezzo ai prati
verdi in primavera
in autunno rossi
tra gli svettanti pini
al cielo immoti.

La mia ricchezza è questa
davanti agli occhi vostri:
la esibisco a tutti.

Alcamo c/da Gammara Molinello,
07.09.09 ore 14,25.

Lina

Nacque di parto Lina
travagliato.
Negli anni crebbe
in stato d'innocenza.

La sua cordialità
creò malizia.

Adultera fu detta
dalla maldicenza:
aveva dato solo
confidenza.

Le dissero "ti amo"
e lei s'illuse
di lusinghiero amore
imperituro.

Un male corporale
la devasta
e nero tutto appare
il suo futuro.
I figli suoi compiange
eppur non dice:
che vita maledetta
m'hanno dato!

Giace sul letto
afflitta dagli affanni
giace sul letto
e soffoca i singhiozzi.

Alcamo c/da Gammara Molinello,
08.09.09 ore 15,10

Giornata uggiosa

Pioggia
radio
musica vocale
dal cielo nubi nere
cadono sciolte in mare
in gelido nevischio.

Scomparso è il sole
dietro il cielo nero.

È giornata uggiosa.

Serve acqua ai campi
dice il contadino.

Notizie dalla radio
cronaca tetra e nera
solo un accenno
di novella lieta.

Canzoni
insipide battute
reclame a pagamento,
come le puttane.

Di radio
pioggia e neve
di cronaca tetra e nera
la giornata è piena.

Alcamo c/da Gammara Molinello,
14.10.09 ore 15,45.

Egadi

Dalla bruma
le Egadi son sorte
nel mare d'occidente
siciliano.

Solo le cime
tu vedrai scolpite
sull'ali della nebbia
in ciel stagliate.

Sono le cime
che guidano i viandanti
quando in mare vanno.

Sono le cime
di tutti i pescatori
che desolati all'alba
tornano dal mare
con pesci pochi
nelle reti grandi.

Sono le cime
dei vecchi pirati
che solcando l'acque
in tempestoso mare
furono terrore
per tutti i naviganti.

Alcamo, 24.11.09 ore 10,50

Quiescenza

Quiescere è morire
o quasi.

Inutili per sé
inutili per gli altri
fuori dal mondo
degli uomini possenti
fuori dal mondo
in coda ai moribondi.

Invidiate sono
le ore più nefaste
quando la vita
promette rosei giorni
quando alla notte
dietro va l'aurora.

Or la tristezza
sul fare della sera
incupisce il cuore.

Ci si addormenta
col desiderio vago
di non più svegliarsi,
un desiderio nero
che avvelena il cuore.

Alcamo, 23.12.09 ore 16,00

Anno 2010
La forza della ragione

C'è qualcosa di nuovo nel poeta, che si manifesta nei testi di quest'anno 2010. Come per i vini d'annata così l'estro si connota di particolari sfumature frutto del proprio sentire, della sintonia dell'animo con quanto avviene intorno a noi. Questo significa forse che non sente più il peso degli anni ed il pensiero di quel, sia pur lontano, traguardo? No, nel modo più assoluto. "Tempus urget" ed il poeta ne è consapevole, ma è egualmente capace di 'sentire', capace di impulsi e di slanci. Così come il gabbiano che

" … all'improvviso schizza
col vento di scirocco
verso oriente."

È la forza della ragione a rendere i suoi passi più spediti; con volontà tenace riprende con più lena il suo cammino; "*un tumore*" o "*leucemia*", potenziali agguati, non sono poi cosa grave se "*È frutto dell'età*". La "*quiescenza*" non è più "*morire / o quasi*" se si ha voglia di alzare lo sguardo dove

"Restano i gabbiani
lontani punti neri
tra le nubi in cielo."

La ragione sa individuare e leggere il bene anche là dove sarebbe impossibile trovarlo. Anche nella crudeltà più efferata è possibile un gesto di completa donazione. Ed eccolo, nella madre che lancia il figlio "*tra le braccia*" di un'anziana sconosciuta …, e gli salverà la vita.

Viva più che mai è la capacità di osservare e di ammirare quanto di bello ci circonda, anche nelle situazioni quotidiane. "*Punti fermi*", danno la fissità di un quadro metafisico: su un mare piatto posa una barca immobile e fissi appaiono uomo e cane come per un inspiegabile incanto. Fisso è anche il poeta ammaliato dall'immagine e dalla serenità che regna sovrana; unico elemento vivo lo sguardo, che cattura l'immagine e la imprime nella mente per un'estasiata fruizione.

Ed in "*Stele*" il trionfo della saggezza, della razionalità cosciente e della serena accettazione di quanto non si può mutare. La morte è giudice imparziale che tutto già 'Livella'; a nulla valgono, nel trapasso, titoli, ricchezze e onori, che non hanno mai donato e non doneranno mai la felicità.

Punti bianchi

Punti bianchi in mare
increspano le onde
che a mille a mille
s'inseguono correndo
all'infinito.

Su tutti i punti bianchi
solitario al vento
naviga un gabbiano.

Dell'acqua in superficie
lieve par s'adagi
ma all'improvviso schizza
col vento di scirocco
verso oriente.

D'Ustica la cima
intravedo
e l'occhio mio si perde
all'infinito
oltre i punti bianchi
col gabbiano
che confuso s'è
con l'onde spumeggianti
verso oriente.

Alcamo Marina, 05.01.2010 ore 12,45

Malinconia

Malinconia ti prende
se al ciglio della strada
ti fermi a rimembrar
dolcezze amare.

Spossato ormai dagli anni
tu riposi.

Scorrono su te

dal tarlo rosi
ricordi vecchi,
ricordi della vita,
ritornano con te
gli amici ormai perduti
che più non torneranno.

Quando l'età
il coraggio impone
della resa
quando rinuncia
vuol dire avere audacia
ti fermi sulla pietra
seduto a rivangare
ogni momento
dell'età più bella.

Triste ritorna
anche la bellezza
triste ritorna
la bella giovinezza
ormai svanita
che non allieta più.

Alcamo, 10.01.2010 ore 9,00.

Se un giorno

Se un giorno
qualcuno ti dirà
che ho un tumore in testa
o leucemia nell'ossa
non prestargli fede,
tu sorridi.

È frutto dell'età,
rispondi,
di vita già marcita
che volge ormai al tramonto
finito arcobaleno.

Alcamo, 16.01.2010 ore23,50

Porto a sera

Il porto è fermo
riposano le gru.

Restano i gabbiani
lontani punti neri
tra le nubi in cielo.

Increspa l'onda il vento
e danzano le barche
all'imbarcadero.

D'uomini e motori
non c'è più fermento.

Scende la sera
sui mortali umani
che scuotono la terra
sconvolgono le acque
rubando spazio ai mari.

Immoto resta il porto
riposano i gabbiani
tacciono i motori
tornati sono a casa
gli umili mortali.

Un altro giorno
poi sarà domani.

C/mare Golfo 28.01.2010 ore 17,00

A sera

A sera
quando tutto tace
e il buio intorno a me
sussurra: pace …
odo il latrar dei cani
e il mondo intorno a me
volteggia eterno.

Odo i silenzi
di color che furono
odo i lamenti
degli uomini saccenti.

Assordante un rombo
di guerra dentro il cuore
repentino scoppia.

Muto silenzio
avvolge l'infinito
mare di buio
solcato dalla luna
lucente uguale e varia
nelle notti insonni
di vigili e dormienti.

*Alcamo, c/da Gammara Molinello
18.02.2010 ore 19,15*

Mia madre

Morì mia madre
quasi come ieri
eppure il tempo
arati ha sessant'anni.

Come fosse ieri.

Ma io rimasto
sono in cuor bambino
come i bambini
che vivono cent'anni
e nel silenzio
invocano la mamma
quando sconforto
nero prende il cuore.

Figura tenera
è la madre in vita
diafano ricordo
ogni mamma morta
che sempre vivo resta
anche nel delirio
ultimo di vita.

*Alcamo, c/da Gammara Molinello
19.02.2010 ore 11,30*

Dimenticare

Dimenticare tutto
per non piangere
per non dovere odiare
per potere amare
per non abbandonare.

Dimenticare tutto
per non maledire
il momento bello
in cui si è nati.

Dimenticare tutto
per poter gioire
quando spunta un fiore.

Dimenticare
i subìti torti
per vivere sereni.

Dimenticare il mondo
per poterlo abbracciare.

Dimenticare
le delusioni tutte
per nutrir speranze.

Dimenticare
tutti i giorni neri
per godere il sole.

Dimenticare il giorno
per goder la notte
e le lucenti stelle.

Dimenticar te stesso
per porgere una mano
ad ogni tuo fratello
nel bisogno.

Alcamo, c/da Gammara Molinello
09.03.2010 ore 18,00.

Colomba

Come colomba
dispiegate l'ali
posa nel vento
che dal mare sale
alla montagna in cima
nel meriggio mite
dell'odoroso aprile
esser vorrei
chiusi gli occhi
andare all'infinito
inseguendo il sole
ad occidente.

Sopor di pace
lieve m'accarezza.
Serenità circonda
tutto l'esser mio.

Il mare miro
dispiegato intorno
dal balcone immenso
d'Alcamo marina
verso l'infinito.

Godo gli effluvi
salsi delle onde
che spumeggianti
salgono alla riva
inebriando il cuore.

Alcamo marina, 21.04.2010 ore 17,55

Rondini

Le rondini stamane
a coda di cometa
svolazzanti
sulla piazza vanno
in processione.

Musica soave
l'anima carezza
col desiderio mesto
di chiudere la vita
senza sofferenza
senza dire addio
a chi non va e resta.

Una nota cade
nel cuore e lo frantuma
in schegge mille
di tacito dolore.

Continuerà la vita
pregna d'armonia
dietro le rondini
a coda di cometa.

Alcamo 27.04.2010 ore 19,25

Pino

Lo chiamavan Pino.
È andato via.

Lo vidi una mattina.
L'avrei sfrattato.

La pavida Maria trasecolò
ma non disse nulla.
Non sapeva.

Salì carponi Pino
la scala al piano primo
con stentato affanno.

Ricorderò per sempre
quel rantolo di morte.

Venne la voce
fuori dai polmoni

senza vocali
consonanti e suoni.

D'un morto era il tono
che senza vigoria
con l'unghie s'aggrappava
al muro della vita
dinanzi a lui cadente.

Chiese dilazione
e l'ottenne.

Non lo rividi più.
Partì due giorni dopo.

Solo un biglietto
nel fondo delle tasche
comunicò a Maria
che tutto era perduto.

Lo sfratto fu eseguito
un mese dopo.

La vedova Maria
e l'orfana sua bimba
furono a sera
nel mezzo della via.

Alcamo, 28.04.2010 ore 18,30.

Corona

Una corona
di fiori variopinti
dinanzi ad una chiesa
per un amico ho visto.

Per un amico
andato via per sempre.
Corona senza nome
abbandonata.

Corona per colui
che vita più non ha
affettuoso omaggio
d'un amico in vita
che vita ancora avrà.

Alcamo, 09.05.2010 ore 1,45

Porta di casa

Oltre la porta
senti protezione.

Sicuro dalle insidie
non temi l'aggressione.
Vegliar non ti farà
notti lunghe
di disperazione.

Qui la dimora
dei sacrifici tuoi
qui la dimora
delle gioie care.

Serenità t'accoglie.

Qui la dimora
delle tue speranze
il luogo dei tuoi sogni
vivi o già perduti,
che vita più non hanno,
dei futuri sogni
che roseo nel sonno
il domani fanno.

La porta hai chiuso.

Come in chiuso scrigno
tremori ed incertezze
avventure e imprese
in sicurezza stanno.

Alcamo, 08.05.2010 ore 22,00.

Vecchio amico

È davanti a me.

Per strada.

Il passo affretto.

Lo fermo e lo saluto.

Non mi riconosce.

Deluso, no, non resto.

Il cuor m'ha stretto
e la pietà m'ha preso.

La testa più non regge
- fiocamente ha detto -
non ricordo più.

Eppure aitante e forte
l'amico mio era stato.

La moglie e poi la figlia
lutti di famiglia
l'hanno alienato.

Fu così suo padre
e altri di sua gente.
Memoria del passato
più non hanno.

Pur vivendo
in altra vita
sconosciuta a tutti
tra la gente stanno.

Alcamo, 12.05.2010 ore 19,30.

Idea

Era un'idea
gentile e originale.

Ormai svanita
più non tornerà
ad allietar progetti
con illusioni misti.

Idee novelle
altri progetti
ed illusioni altre
sopraggiungeranno.

Ma quell'idea
gentile e originale
ormai svanita
non avrà più vita.

Alcamo, 02.06.2010 ore 05,15

Travaglio

Nella notte s'ode
il grido d'una puerpera
che vita dona al figlio
in ospedale.

È il grido di dolore
che gioia porterà
alla novella madre
il frutto dell'amore.

La chiameranno Asia.

Piccolo nome
d'una terra immensa,
piccola stella
che illumina il cammino
nella transumanza.

Questo il dolore
gli spasimi e i sospiri
che apprezzare fanno
la vita quanto è bella.

Asia il nome suo
piccolo nome
d'un grande continente
grande più del mare.

Chivasso, 10.07.2010 ore 20,30

Mezzo metro

In solo mezzo metro
c'è tutta una vita.

In solo mezzo metro
lo spirito divino
trovi racchiuso
come in un bozzolo
di diafana farfalla.

Rosee ha le guance
brillan gli occhi suoi
Asia il suo nome
immensa più del mare.

Umile fiammella
di fuoco ardente e puro
umile fiammella
di viventi altri
rischiarerà il futuro.

Tra le mani mie
è tenero fuscello
piccola Asia
amore d'un poeta.

Chivasso, 11.07.2010 ore 17,30

Nino

Era Nino
tra gli amici miei
colui che abbisognava
di molta fratellanza.

Ma solo nacque
crebbe e se n'è andato.
Gli amici tutti
l'hanno abbandonato.

L'antico ardore
ora è sotterrato
la bramosia dell'oro
l'ha lasciato.

Solingo giace e muto
in serena pace
mira e deride
ogni essere vivente.

Ora che mira
di là dall'infinito
ora può reggere
la terra con un dito.

*Alcamo, c/da Molinello, 26.07.2010
ore 12,30*

Nudi

Nudi nel buio
le vergogne al vento
corriam pei campi
inciampando
gioiosi cadendo
sull'erba secca
dopo i raccolti estivi
in settembre.

Liberi noi siamo
felici di un bel sogno
dopo l'estate
dopo l'ardente agosto.

La pelle tua
abbraccio è di velluto
dolce giaciglio
al sonno mio sereno.

Tra le braccia tue
io m'addormento
vivendo il dolce sogno
sotto il cielo stellato
di settembre.

*Alcamo, c/da Gammara Molinello
06.09.2010 ore 24,00*

Anniversario

Tratto di strada
lungo io percorsi
mano nella mano
sempre a te vicino.

Ti ressi e mi reggesti
in mezzo alla tempesta
felici noi gioimmo
dopo la bufera.

Fummo colombi
svolazzanti e paghi
liberi nel cielo,
nel ciel di primavera.

Alcamo marina, 15.10.2010 ore 11,40

Amore materno

Amore immenso
di perduta madre
fu lanciare il figlio
di mesi cinque appena
tra le braccia
della senza nome
anziana e un po' cadente
tra la folla immensa
e tumultuante.

Madre si negò
e salvò suo figlio
dalla morte certa
anima dell'anima
stravolta dalla guerra.

Con rude mano
spinta tra il bestiame
fu d'un carro merci:
fu stuprata.

Tutti i soldati
furono nemici,
i più nemici
i compatrioti suoi.

All'alba fu trovata
morta dissanguata
vita perduta
da morte liberata.

Alcamo, 31.10.2010 ore 23,30

Nino e il pettirosso

Nino il bevitore
allegro e scanzonato
tra gli amici tutti
era stato.

Lo ritrovai un mattino
sereno di novembre
in casa di riposo
paralizzato.
Compagna sua la radio,
il giornale,
una rivista,
la sigaretta spenta.
Solo è rimasto
tra compagni soli
muti e taciturni.

Ero a fargli visita
e un po' di compagnia.

Un pettirosso ardito
volando in girotondo
venne a prender posa
sull'inerte mano.
Immobile restò
Nino il bevitore
allegro e scanzonato
felice di quel giorno
per un amico antico
e un pettirosso ardito
ch'eran con lui
per fargli compagnia.

Alcamo, 05.11.2010 ore 17,15

Scopello

Un uomo e un cane
neri sulla barca
bianca
tra gli scogli aguzzi
d'un mare immenso
di colore blu.

Limpida l'acqua
nei profondi abissi
sotto i faraglioni
di Scopello
scruto.

Alcamo, 13.11.2010 ore 15,00

Stele

Sulla stele
il tempo ha cancellato
la data e il nome illustre
già da tempo immemore
attribuito
all'universo intero
del passato.

Resta la stele
solitaria e muta,
nulla più dice
all'umile viandante
nulla più dice
all'uomo prepotente.

Le stagioni passano
e passeremo noi
come quel nome
di tutti e di nessuno.

Pure il ricordo
è andato via
dal vento trascinato
e da intemperie mille
nel labirinto scuro
dell'oblio.

Alcamo, 27.12.2010 ore 11,25

Anno 2011
Il conforto della saggezza

Da figlio del "Sud", conosce bene il dramma di tanti figli disere-
dati, *"andati a morire per altri"*. Ma ritrova in sé, nella fierezza del
proprio cammino, la coscienza del possibile progresso.

Non è vero che la vita sia così nera come la dipingono i *"Nichili-
sti"*, il bicchiere mezzo vuoto palesa pure l'altra metà che è piena. E
se cosciente è la consapevolezza d'essere in discesa nella parabola di
vita, se svanite sono le *"sirene ... ammaliatrici"*, afferma con coeren-
za che svaniti son pure *"i fantasmi ... neri"*.

La saggezza sa cogliere il tratto distintivo e positivo anche nelle
cose usuali: così il senso di liberazione dei passeggeri all'atterraggio
dell'aereo; così il sonno ristoratore per ritrovare nelle membra nuovo
vigore. Ed ancora il constatare che la vita, pur crudele e dura come il
subire indicibile ingiustizia, perché condannato eppure innocente, ha
comunque, imprevedibili, lati positivi se guardati nella giusta ottica.
Così le mura del carcere, diventate baluardo per un mondo esterno
ormai estraneo e sconosciuto, dopo trent'anni d'ingiusta detenzione

"io tornerò
Tra le mura amiche
tra i compagni
della mia prigione,
dove la vita ha un senso
e forse una ragione."

Ed è ancora la saggezza che aiuta impulsi e desideri, ormai asso-
piti, a risvegliarsi ed essere presenti, almeno nei sogni:
"nettare succhiai / ad occhi chiusi".

La saggezza che intravede nell'intrinseca ed indefinita possibilità di
attuazione del *"Pensiero"*, sia pur *"piccolo ... / virtualmente eterno"*.
E vi sono pure momenti di risveglio, sono però quelli di avvertito
distacco – strappo, come per l'amico "Piero Nisi", che ridesta ricordi
e nostalgia tanta.

Sicilia

Il sud più a sud del sud
è la terra nostrana.

Fu terra di greci,
fu terra normanna,
spagnola, francese, africana,
fu terra corsara
terra infinita
schiava di popoli tanti
ricca di tanta miseria
solo per altri
fu terra opulenta.

Sicania chiamata.

Mite il suo clima
generoso il popolo tutto,
Trinacria e Sicilia fu detta,
terra d'eroi
oppressa da mille soprusi
madre di figli migranti,
tanti e poi tanti,
andati a morire per altri
obliati anonimi eroi.

Alcamo, 13.01.2011 ore 15,26.

Nichilista

Sostiene il nichilista:

non bisogna amare
per non doversi illudere,

non bisogna avere
per non dover lasciare,

non bisogna nascere
per non dover morire,

non bisogna vivere
per non dover soffrire,
non si può parlare
per non dover sbagliare,

non si può riflettere
per non turbar la mente,

non bisogna correre
per non dover cadere,

mai forzar le braccia
per non forzare il cuore,

non bisogna scrivere
per non subir l'esame,

mai cominciare
per non dover finire.

Si può continuare …
*Alcamo, c/da Gammara Molinello,
17.01.2011 ore 12,26.*

Futilità

Uno ad uno crollano
desideri e sogni
di grandezza
imperitura e vana.

Ha dissolto il tempo
tutte le chimere
fumose ed invitanti
nella gioventù.

Delle sirene
ammaliatrici al canto
più non presto orecchio.

Anche i fantasmi
fuligginosi e neri

sono svaniti
son privi di spavento.

Alcamo, c/da Gammara Molinello
17.02.2011 ore 10,05

Prigioniero

Prigioniero
in blocco di cristallo
libero nel cielo
terso della sera.

Sotto di noi
naviga lenta
la bianca nuvolaglia
tra il mare e l'infinito
cielo su di noi.

Un bimbo piange
senza alcun motivo
un altro gioca
sul sedile accanto.

Ognuno porta
chiusa dentro il cuore
una gioiosa pena
o un poco di speranza,
ognuno vola
bloccato alla sua sedia
da una cintura
d'incerta sicurezza.

Qui non si fuma
-dice l'inserviente-
Qui non si fuma
-è detto con segnale.

L'aereo atterra
atterra lievemente.

Alfin si ferma.

Al comandante
sopra terre e mari
i passeggeri in coro
battono le mani.

Volo TP-TO Ryanair 23.02.2011
ore 18,35

Ristoro

Supino a letto
a protezione
stringo le braccia al petto.

Ho chiuso gli occhi
ma non m'addormento.

Il sonno attendo
che nella notte
l'esser mio ristori.

Alcamo, 06.03.2011 ore 9,45

Libertà respinta

Trent'anni senza sconti
di carcere m'han dati:
sono ormai passati.

Ero innocente
avevo tanta voglia
di prendermi vendetta.
-Sono in libertà,
finalmente! -ho detto-

Ma questa libertà
è opprimente,
la compagnia non ho
neppure di me stesso
tra l'indifferenza
in mezzo a tanta gente.

Voglio tornare
tra le mura amiche
che per trent'anni eterni
compagnia m'han dato,
dove compagni
ebbi di sventura,
dove la pena
è simile alla morte.

Qui la vita mia
finita è da trent'anni,
solitario resto
solo tra la folla.

Ma tornerò,
sì, io tornerò
tra le mura antiche,
tra i compagni
della mia prigione,
dove la vita ha un senso
e forse una ragione.

Alcamo, 19.03.2011 ore 11,00.

Vita

Amici, nemici,
vecchi conoscenti,
tutti quanti
sono andati via.

Io sono ancora qui.

Sono in attesa
dell'ultimo tramonto
desiderando
albe luminose.

Molte le beghe
vissute sulla terra
poche le gioie
che al cuore han dato pace.

Sono ancora qui.

Attendo la compagna
mia nemica antica
che ghermisce bimbi
e schiva chi la sfida.

Alcamo, 14.04.2011 ore 20,00

Pietre

Pietre scheggiate
o levigate e nere
millenarie storie
raccontano del mare.

Sulla battigia bianca
nell'immenso abbraccio
del turchino mare
due ombre vanno:
sono due amanti
o forse due fuggiaschi.

Il mare canta
la vecchia cantilena
che allevia gli animi
o rattrista i cuori,
la vecchia cantilena
dei miei padri ed avi.

Scaglie di pietra
dall'acqua levigate
sotto i tuoi piedi
odi mormorare
vecchie canzoni
giunte sui mari
da lidi lontani.

Alcamo, 26.04.2011 ore 18,00

Negro

Seduto in dormiveglia
all'ombra del baobab
lunghe le gambe innanzi
la schiena al tronco ferma
e tra i rami gli occhi
un po' socchiusi
ad inseguir la luce
aveva il forte negro.

In cinque l'accerchiarono
lo spinsero legato
in mezzo alla boscaglia.

Altri sfregiati e forti
furon compagni schiavi
nel suo lungo viaggio.

Altri ed altri ancora
gli furono vicini
tra le piante alte
libere di leccio.

Acqua implorò il negro
per domar la sete
ma un calcio nell'addome
lo scaraventò
nel liberatore grembo
della morte.

Alcamo, 29.04.2011 ore 19,00.

Compagne

Ha trovato Linda
la compagna,
la bella Maddalena.
Insieme son partite
per un lungo viaggio
il viaggio della vita

come due amanti
dimentiche di tutto.

Più non torneranno
nei luoghi conosciuti
nei luoghi dell'infanzia
tra gente che disprezza
e invidia ha tanta.

Gente senza cuore
senza vita e amore
che odia tutto e tutti
che la morte attende
di neonati sogni.

Non torneranno
Linda e Maddalena.
Nuova casa il mondo
e fratelli tutti.

Alcamo, 30.04.2011 ore 20,45.

Labbra

Melliflue e dolci
e tenere m'offristi
desiderate labbra.

Nettare succhiai
ad occhi chiusi.

Non avesti nome
fosti senza età
ma fosti la dolcezza
di un notturno sogno
senza tempo.

Alcamo, 29.05.2011 ore 5,00.

Pensiero

Il pensiero nostro
generato
più non ci appartiene.

È figlio nostro
per tempo breve
cresciuto e allontanato
che nel mondo va
indipendente.

Abbracceranno altri
quell'idea,
la sosterranno forse,
forse il cammino
le indicheranno.
L'assoceranno ad altre:
rimodelleranno
il mondo intero.

Questo il pensiero
nostro generato
che più non ci appartiene,
idea peregrina
nata dal nulla
un placido mattino
o in notte fonda
disperata o lieta
da un uomo piccolo,
grande ed infinito,
piccolo pensiero
virtualmente eterno.

Alcamo, c/da Gammara Molinello,
24.07.2011 ore 9,00

Piero Nisi

Dolce una lacrima
ed un sorriso lieve
sul volto accomunati
mi trovai pensando
all'amico Piero
ironico e compianto.

Fu mio compagno
sul sentiero aspro
nella giovinezza,
verso la meta
oltre il confine
per ciascun segnato.

Di viso fu gioviale
d'animo bello e ardito
umile scalatore
della roccia
irta di spine e agguati
dietro ogni svolta
dietro ogni spuntone.

L'amor fraterno
genuino e schietto
ho rivissuto
tornando agli anni miei
della giovinezza,
viandante solitario
pur tra tanta gente,
verso la meta
oltre il confine
già per me segnato.

Alcamo, c/da Gammara Molinello,
17.08.2011 ore 12:05

Paura

Di tornare a vivere
ho paura
come i ragazzi
che corrono per strada
tra le lavandaie
che asciugano lenzuola
bianche e colorate
sui fili lunghi
addossati ai muri
bianchi del paese.

Più non troverò
ciò che ormai ho perduto
più non troverò
gli amici dell'infanzia.
Sono cresciuti
e sono andati via
sono emigrati
alcuni al camposanto.

Ho paura di tornare a casa
la casa di mio padre
la casa dei fratelli
o quella dei miei nonni.
Busserò alla porta
risponderà nessuno.

Pure i cani e i gatti
sono andati via
non sono più randagi
non fanno compagnia
a chi è senza affetti.

Desolato il cuore
e l'animo mi resta.

Alcamo, 14.10.2011 ore 19,45.

Pietà

Pietà,
pietà per l'uomo
dal viso sanguinante
nell'arrossata polvere
tirato.

Pietà pel corpo esanime
che scettro più non ha
ed arroganza.

Morto è l'eroe
per i suoi seguaci
morto è il dittatore
per i suoi nemici.

Forse domani
resterà il ricordo
solo il ricordo
del nome evocativo
di chi fu Gheddafi.

Null'altro resta
del terrore antico:
ammasso informe
di carni dilaniate
da calci, pugni,
schiaffi, sputi e spari.

Or tace e giace
meteora svanita
tra i nebulosi cieli
di terra martoriata.

Alcamo, 20.10.2011 ore 16,30

Giustizia

La giustizia è zingara.
È zingara e puttana.

Del termine giustizia
piena la bocca han tutti
coloro che tradiscono,
coloro che compagna
l'hanno di notte a letto
a pagamento.

Tra le umane cose
giustizia è un bel concetto
per ingannare i popoli
desolati e illusi.

Amica dei furfanti
amica dei padroni

inculcata ai popoli
tenendo saldi i troni.

Alcamo, 06.12.2011 ore 20,35

Bambina

Sul monitor
se appari all'improvviso
sul volto mio s'accende
gran letizia
che l'animo rallegra
e il cuore inonda.

Dimentico gli affanni
le inutili diatribe
dimentico il grigiore
dei giorni miei
trascorsi nella rabbia
vissuti nella nebbia
e nella noia.

M'appari luminosa
splendida bambina
virgulto di mia pianta
ormai ingiallita.

Alcamo, 15.12.2011 ore 21,45

Bolero

Bolero
musica sognata
tra le immense dune
di sabbia infuocata
o in fredde notti
gremite di fantasmi
di tenebrosi giorni
o al galoppo
di arabi cavalli
scalpitanti
in mezzo alle brughiere.

Amori e odi
risentimenti tutti
restano fuori
dall'attimo presente
e al cielo vanno
snodandosi leggeri
come cirri al vento.

Musica arcana
che l'animo frantuma
e il cuor fa lacrimare.

Questo è Bolero
musica arcana.

Alcamo, 18.12.2011 ore 13,00

Note musicali

Se piangi e poi sorridi
se il cuor ti batte
per note musicali
credo che sia
gran privilegio il tuo.

Sono le note
per molti insulse e vuote
pregne per altri
di vita e sentimento
che in cielo innalzano
e ondeggiare fanno
tra le nubi rosse
come i gabbiani
solitari e bianchi
o i corvi neri a stormi.

Volteggiano le note
sul mare e per le valli
silenziose e quiete
or taciturne e mute
or come fuochi al cielo
gioiose e scoppiettanti.

Vivere ti fanno
le note musicali.

Alcamo, 18.12.2011 ore 13,20

Anno 2012
Serenità

Non è da tutti conquistare e godere della serenità una volta raggiunta la piena ed ultima maturità, prima di iniziare il cammino dell'inevitabile senilità: è già, questo, un traguardo di successo. Ma la serenità è meta conquistata solo e quando, nel rendiconto di vita, il saldo è positivo e comunque mai col segno meno. E non si deve credere che il tutto sia frutto …, della dea bendata. Come per lo scalatore, la vetta si conquista con l'impegno e il sacrificio, con tenacia e grinta nelle avversità, trovando il coraggio di rialzarsi dopo le cadute. E l'aver dato come tono di fondo a queste poesie la "serenità" non è solo convincimento di questo lettore – commentatore un po' stranito, è lo stesso poeta a suggerirla per la soave compostezza delle immagini che donano quiete e gaudio al lettore. Così nel ricordare l'amico *"Piero"*, passato a miglior vita, che non induce a tristezza, ma ridesta melodie di musica amata e goduta, insieme, nella adolescenza:
"era l'amico
che con me seguiva
silenzioso Brahms
la rapsodia veloce
d'Ungheria
con le spiegate ali
della fantasia."
Ma la goccia più dolce e desiderata è quella descritta in *"Sorriso neonatale"*, la serena gioia di un bambino che sorride in braccio alla sua mamma.

Piero

Piero,
l'amico mio splendente
tra i celesti astri
che brillano ogni sera
tra la nuvolaglia,
era l'amico
che con me seguiva
silenzioso Brahms
la rapsodia veloce
d'Ungheria
con le spiegate ali
della fantasia.

Muti eravamo
attenti
sognanti adolescenti
nella stanza grande
di un monastero
dove lo studio
dei greci e dei latini
pausa elargiva
alle fatiche
dei sudati testi.

Or nell'avello giace.

Sono vecchio anch'io
la falce nera, no,
non mi spaventa.

Io sono eterno
eterno resterò
nella fantasia
eterno resterò
nell'illusione.

Mi fermerà improvviso
della morte un colpo
in casa o per la strada.

Pur io sarò compianto
e non farò ritorno
come non torna
l'amico mio Piero.

Alcamo, 03.01.2012 ore 20,5

Sorriso

Vorrei un sorriso
splendente sulla tomba
che custodisce
le mie disfatte membra.

Sorriso per chi passa
guarda e non saluta
sorriso per chi passa
scontroso o indifferente.

Sorriso per i figli
per i nipoti tutti,
per i parenti
e amici degli amici.

Se sulla tomba nostra
avessimo un sorriso
tutti i cimiteri
sarebbero dei prati
su cui i bimbi vivi
verrebbero a giocare.

Verrebbero a giocare
tra loro a nascondino.
Verrebbero a giocare
con i nonni morti
o in mille modi altri
se sulla tomba nostra
fiorisse un sorriso.

Alcamo, 09.01.2012 ore 20,50.

Nascite

Ho visto nascere
dentro un ospedale
bambini belli
gioiosamente accolti
dietro una porta bianca
dietro sportelli a vetri.

Altri bambini
sono nati altrove
altri bambini
nel mezzo d'una guerra
nella carestia
o tra zolle nere
di una dura terra.

Giustizia umana
fin dalla nascenza
non conosce bimbi
non rinfranca cuori.

Uomini uguali
sulla dura terra
mai tu vedrai:
solo ingiustizia
per uomini diversi.

Chivasso, 24.01.2012 ore 11,05.

Orme nere

Orme nere
sulla neve bianca
al nascere del sole
stamattina.

Eran dirette
alla via maestra
eran dirette
all'ultimo confine.

L'ho viste all'orizzonte
perdersi nel nulla
le orme nere
sulla neve bianca.

Verolengo, 28. 01. 2012 ore 14,50

Marciapiede

Con movenze i glutei
van sul marciapiede.
Il corpo tuo lusinga
ma l'animo è assente.

Viene da lontano
necessita di pace
un altro sventurato.
Dall'infanzia corre
dietro fioca luce.

La corsa è parallela
all'isola felice,
con te che sei puttana
ma vergine nel cuore,
dello sventurato
che cerca pace e amore.

Dal marciapiede nasce
resurrezione e vita
sul marciapiede nasce
il fiore dell'amore.

Alcamo, 04.02.2012 ore 14,45.

Nebbia

Dalla valle al monte
come fumo sale
la nebbia mattutina.

Come odor leggera
inonda la pineta
inonda gli eucalipti
venendo su dal mare.

Son salito anch'io
col freddo di febbraio
e mi ritrovo in cima
in mezzo a dei narcisi.

Svanita poi è la nebbia
e il mondo tutto appare
chiaro e luminoso
tra i monti e il mare.

Alcamo, monte Bonifato
05.02.2012 ore 11,50

Cuccagna

Nella grande piazza
della cuccagna
alto è il palo e dritto
unto di grasso nero
con sapone misto.

La voglia è tanta
di giungere alla cima
per un prosciutto in più
di vino una bottiglia
e per gloria infinita.

Il tricolore in cima,
la conquista prima,
dei giovani la squadra

sulla vociante folla
ha espugnato.

Tripudio ha suscitato
e gran baccano.

Fuochi d'artificio
intronano nell'aria
mentre seduti
del palo in su la cima
quasi a consesso
bivaccano gli arditi.

Alcamo, 07.02.2012 ore 10,30

Ricordi

Nel sottobosco
fummo
degli alberi di pino
o dei cipressi
svettanti verso il cielo
o sulla sabbia bianca
in riva al mare
a maggio.

I freschi anni tuoi
assaporai
teneri e dolci
acqua di sorgente
profumo soave
della primavera
gioiosa e calda
più che a ferragosto.

Fummo
e tutta mi donasti
l'anima raggiante
odor di primavera.

Poi sei svanita
come fumo al vento
di brezza nella sera.

Sei appassita
nell'anima e nel corpo,
petalo di rosa
tra pagine di libro
obliato,
sono appassito
pur io nella vecchiaia.

Solo il ricordo
resta dentro il cuore
il ricordo triste
d'un lontano amore.

Alcamo, 15.02.2012 ore 0,15.

Sera

C'è la luna
dentro la fontana
con l'acqua cheta
tra i pesci rossi
i pesci bianchi
i pesci grigi
e le rane verdi.

La campagna intorno
tace
in piena pace.

Lontana
annuncia l'Ave
una campana.

Alcamo, 30.03.2012 ore 21,00.

Sardegna

Sardegna aspra e forte.

Cuori generosi
e grandi
i tuoi abitanti.

Voci arcane salgono
dai verdi mari
fiori gialli
sulle terre brulle
sparse di sangue
rosse agli altipiani.

Sardegna dura
Sardegna aspra e forte.

Popolo orgoglioso
senza sorte.

Alcamo, 31.03.2012 ore 17,45.

Pensiero notturno

Il notturno pensiero
che turbava la mente
insistente hai cercato.

Sei corsa dietro fantasmi
con occhi sbarrati
hai visto anime in pena
bimbi infelici
sotto la coltre
argentata di luna.

All'improvviso
il sole è risorto
balzando dal mare
tingendo di rosa
ogni cosa.

L'aria ha incendiato
ha levato dall'acque
folate di nebbia
fino all'ultimo cielo
in iridescente arcobaleno.

Natura tinta di rosa,
di verde, di blu,
di giallo, di rosso,
di viola.

Or sei felice anche tu.

Alcamo, c/da Pigne
04. 05.2012 ore 10,55

Carezza

Sulla mia pelle
nell'estrema
pagina di vita
del vento la carezza
ho sperato.

Come volo
di farfalla lieve
che posa
sulle membra stanche
nell'infocato luglio
come soffio
di verde primavera
o bacio dolce
di tenera fanciulla
vergine e pura
ho sperato
di sentir stasera.

Poi avviarmi
con passi lenti e certi
verso il riposo
che non dà ritorno,
verso il riposo

che tutto trasfigura
in oblio eterno.

Alcamo, c/da Gammara Molinello,
17.07.2012 ore 02,15

Stella

Una stella
stasera
tra i rami dell'ulivo
gioca coi grilli
e con la luna
nascente
a rimpiattino.

Inchiodati al buio
che si va dissolvendo
restano gli occhi
nella notte nera.

Alcamo, c/da Gammara Molinello,
17.07.2012 ore 21,50.

Rompitori

Scompaiono,
ritornano
mille volti amati
d'amici andati,
d'amici e di congiunti.

Sono rimasti
di palle i rompitori
che non vorresti
avere tra i coglioni.

Eppur bisogna
vivere e sorridere,
sorridere e cantare

perché la vita è bella
per gioire e amare.

Gli occhi sempre lucidi
per odio o per amore
la vita rendon vita
amara e bella.

Alcamo, c/da Gammara Molinello,
31.07.2012 ore 16,55

Vittoria

Quando rincorsa
giunge la vittoria
s'allarga il cuore
a bontà infinita,
il mondo tutto
in tripudio appare.

Il desiderio corre
corre la speranza
nel mondo innamorato
del grande vincitore.

Splende il sole
gioca con la luna
mattutina,
se di giorno vai;
brillano le stelle
damigelle in cielo
se in notturno viaggio
sei.

Ogni momento
è giardino verde
è tramonto rosa
è arcobaleno
dopo la pioggia
dopo la bufera.

Bello t'appare
tutto l'universo.
È il momento
della tua vittoria.

Alcamo, c/da Gammara Molinello,
02.08.2012 ore 22,22.

Pelle di velluto

Sulla tua pelle
soffice velluto
scivola il tempo
scivola il vento
scivola la pioggia
a ripulir le scorie
della vita intera.

Serena giaci
in mezzo alla natura
in virginea posa
nel campo di nudisti
siciliano.

Occhio blasfemo
insozza le tue membra
ma il vento spazza
ogni villania,
scioglie la pioggia
ogni sozzura
raccolta sulla via.

Il sole asciuga
rende più lucente
la pelle tua
soffice velluto.

Alcamo, c/da Gammara Molinello,
08.08.2012.

Piccoli uomini

Tre uomini
piccoli piccoli
van sulla strada maestra.

Discutono
in tono sommesso
o viaggiano muti
nell'afa d'agosto.

È la ricchezza che cresce
adolescenti nello sviluppo.
Matureranno nel tempo
e costruiranno il futuro.

Il torrido caldo
arde le membra,
le belle fanciulle
scrutando vanno per boschi,
s'accoppiano,
s'amano,
vanno abbracciati
all'orizzonte infinito.

Alcamo, c/da Gammara Molinello,
11.08.2012 ore 16,35.

Cicala

Della cicala
il frinire antico
nel pieno pomeriggio
del tardivo agosto
dentro gli orecchi
ancora mi rimbomba.

La frivola cicala
sugli alberi bruciati
dal fuoco malandrino
che invaso ha tutto.

La cicala amica
compagna da cent'anni
del contadino
che tra le zolle nere
ha trascorso
tutta la sua vita.

I monti intorno
bruni sotto il sole
immoti stanno
nel vespro caldo
torrido d'agosto.

Ma tu tranquillo
un posto non avrai
ove le membra
possa riposare
ove tu possa
vivere ed amare.

La cicala amica
anche per te
è l'unica compagna.

Alcamo, c/da Gammara Molinello,
17.08.2012 ore 14,50.

Ospiti

Ti son vicini gli ospiti
se li mantieni a tavola.

Se accenni a qualche aiuto
li vedi dileguare
come cirri al sole
dopo il temporale.

Se poi insisti ancora
tu li rendi offesi
non puoi più parlare.

Son tutti buoni e cari
specie se son prossimi
gli ospiti che hai
ma cura soprattutto
di non creare guai.

Alcamo, c/da Gammara Molinello,
20.08.2012 ore 13,10.

Scandalo

Scandalo han gridato:
il settantenne Gianni
Maria di vent'anni
ha sposato.

Quando l'han visto
sulla strada antica
frequentare
i falò notturni
nessuno ha espresso
una parola amica
nessuno vituperio
ha dimostrato.

Puttane! – di notte
hanno schiamazzato
volgendosi ai falò.

Ora l'obbrobrio
versano su Gianni
scapolo distrutto.

Or la vergogna
accollano a Maria
per l'intrapresa via.

Ora che Gianni
Maria ha sposato
il sacro matrimonio
viene condannato.

Alcamo, c/da Gammara Molinello,
22.08.2012 ore 10,00.

Tempo

Sulla mia spalla
ha posato il tempo
la mano sua stanca.

Or m'accompagna
ora spinge forte
verso il futuro,
baratro immenso,
meta segnata
meta della morte.

Dell'eternità
il tempo è un segmento
che conduce tutti
di qua e di là col vento.

Poi ci abbandona
a un angolo di strada,
nel segmento
d'eternità futura
che non ha misure
e alito di vento.

Alcamo, c/da Gammara Molinello,
29.08.2012 ore 13,30

Invito

Vieni in campagna.

Tu vedrai le stelle
quando di notte
tutto intorno tace.

Vieni a sentire
gracidar le rane

lungo i ruscelli
che vanno verso il mare.

Troverai la pace
troverai il riposo
ascolterai in silenzio

il timbro dei rumori.

Ma oltre tutto
troverai l'amore
per la natura verde.

Alcamo, 17.10.2012 ore 0,35

Amicizia

Come t'innamori
della ragazza
che non ha presente
 l'esistenza tua,
che amerà un altro
da sempre sconosciuto
e che la riterrà
una rompi cazzi,
      così noi ricordiamo
i nostri vecchi amici
almeno quelli
ritenuti tali.

Vivono altri
per grandi nostre imprese
a noi legati
da vividi ricordi.

Ma nulla noi sapremo
di amici obliati
nulla noi sapremo
se pensando a noi
hanno notti insonni.

L'amicizia è questa:
illusione eterna
di pensar che altri
vivano per noi.

Alcamo, 27.10.2012 ore 15,30

Bolle di sapone

Tra le mani scoppiano
le iridescenti bolle
con colori mille
cangianti al sole.

Scoppiano sul viso
tra le mani piccole
scoppian tra i capelli
della mia nipotina
mentre le insegue
con le braccia alzate
al sole e all'infinito.

Piccoli trilli
forano il suo cielo
dietro le bolle
dai colori mille
cangianti al sole
dell'ardente luglio
in mezzo alla campagna
tra l'assordante
frinire di cicale.

Alcamo, 22.10.2012 ore 0,05

Onde e lapilli

Quattro metri quadri
di piccoli lapilli
scorrono sott'acqua
con l'onda di battigia.

Ritornano con l'onda
piccola e impetuosa
sparsi sulla sabbia
a riportar visioni
della fanciullezza

A riportar visioni
di prima conoscenza
a riportar profumi
che tornano alla vista
di onde travolgenti
    tutti i sensi miei.

Sul mare di Pompei
rivivo i primi effluvi
che alla memoria tornano.
allegre e tristi.

Castellammare del Golfo,
Spiaggia Plaja, 01.11.2012 ore 12,00.

Sorriso neonatale

Un bimbo sorridente
nell'innocenza prima
degli incipienti anni
a rosea vita
dinanzi ad un cancello
stamattina ho visto
in braccio della mamma
virginea donna e pura
tutta innamorata
del figlio suo splendente.

Ho visto pur la gioia
candida e abbagliante
d'un bimbo appena nato
in braccio della mamma
sorridere giocondo
al mondo colorato.

Alcamo, 14.12.2012 ore 15,10

Natale

La madre trepidante
ha il bimbo in grembo,
tra poco nascerà.

Trepidante è il padre
del bimbo nascituro
che per acuto grido
nel seno è sussultato.

C'è attesa attorno
gioia c'è nei cuori
pregni di speranza.

Gioia è il Natale.

Gioia per i bimbi
gioia per gli adulti
per la donna incinta
per chi da sempre aspetta
un giorno luminoso
di felicità.

Natale è speranza
di chi è senza amore
di chi non ha un tetto
di chi soffre e muore.

Alcamo, 22.12.2012 ore 17,00

Anno 2013
Poesia di vita

Certamente anche negli altri testi, ma di più in questi ultimi, a quasi chiusura della silloge, la vita quotidiana viene vista e descritta nelle doti caratteristiche della poesia. Se ogni uomo è poeta lo è perché la vita è poesia, in tutti i vari generi, con le sfaccettature del riso e del pianto, della gioia e del dolore, intrisi come siamo di terra e di cielo. E spesso si vive contemporaneamente della duplice emozione, si vive quindi di ossimori; unica è la realtà, diversi i modi di approccio nel perseguimento di finalità singole o solidali. Anche l'arrivo di una nuova vita, del nipote Marco che lo riempie di sano orgoglio, *"per continuare la "schiatta" dei Giannuzzo da queste parti"*, (scriverà il poeta) non è immune dal dubbio e dal timore della sofferenza: Così la morte di un non precisato Mario, lo porta ancora a riflettere su entrambe le facce della realtà umana: vita e morte. Vita e morte, binomio mai disgiunto nell'esistenza, anche quando non coscientemente avvertito, che è desto negli *"uomini"*, negli *"animali e forse anche"* nelle *"cose"*.

Marco

Novella vita giunge
a costruir la pace
o a fomentar la guerra
tra l'uomo e suo fratello.

Vita novella giunge
a rimpiazzare i morti
tutti i nostri morti
caduti nella guerra.

Marco è nuova stella
nel firmamento mio,
Marco è nuovo sole
che illumina il cammino.

Piccolo indifeso
fa tanta tenerezza
che all'aride radici
apporta linfa e forza.

Rivivere farà
giorni tristi e lieti,
gioie ed affanni
creduti ormai passati.

Castelvetrano 01.02.2013 ore 9,05.

Mario

Scomparve Mario
senza rumore
senza dire addio.

Ritorna ora
nei ricordi miei
ritorna ora
a ravvivar memoria
di passati giorni
di cronache facete
di tante panzanate.

Era giocoso Mario
era un fanfarone
e rallegrava tutti
del mondo circostante.

Lo bloccò un infarto
nel mezzo della strada
mentre guidava
un'auto malandata.

Si fece un po' da parte,
cedendo il passo a tutti,
un po' più in là,
oltre la carreggiata.

Mandò un sorriso al cielo

ma non fece in tempo
a pronunciare Mario
l'ultima cazzata.

Alcamo, 05.02.2013 ore 21,45

Chissà

Chissà se ognuno sa
che gli umani tutti
e gli animali
e forse anche le cose
han fremiti di gioia
o di dolore
o di disperazione e morte
o di speranza d'alba
se a venire tarda.

Con idillio sente
il creato tutto
pur se pare privo
di modo e d'espressione.

Ogni individuo
è un poeta nato
pure se inespresso.

Detto vien poeta
chi ha mezzi adatti
ma tutti siam poeti
se guardiamo il mondo
con occhi di fanciullo,
se per alba chiara
o per tramonto rosa
il cuor ci ride o piange,
per amor trovato
o per amor perduto.

Alcamo, 27.02.2013 ore 22,30.

La verità

Giù giù
nei profondi abissi
io ti cercherò,
o su su
oltre le nubi bianche
in mezzo ai cieli tersi
poi ti troverò,
Essere immenso,
Essere infinito,
sconosciuto a tutti.

La verità io cerco,
invano cercherò.
M'illuderò d'averla
ma non l'avrò.

La verità è instabile
come le umane cose,
perennemente muta
forma e stato.

Alcamo, 12.03.2013 ore 08,20

Passato

Passano gli odi
passano gli amori
quando l'avello
sugli intimi si chiude.

Vile chi sprezza
l'essere morente
magnanimo s'addice
a chi perdono ha dato.

Nell'animo ritorna
in chi inveisce bile,
pace nel cuore
a chi ha perdonato.

Alcamo, 21.03.2013 ore 12,10.

Sorriso

Il sorriso
d'un tenero bambino
tra le braccia ho avuto.

Il più bel sorriso
sbocciato sulle labbra
quasi all'improvviso
accennato appena:
due petali di rosa.

M'accompagnerà
tutta la vita.

Alcamo, 28.03.2013 ore 5,30.

La madre di Mara

Alla finestra attende
su al quinto piano
la figlia sua scomparsa
anni e anni addietro.

Nel buio pesto e nero
scorge un lumicino:
forse è la sua Mara
che torna da lontano.

La figlia sua non torna,
è andata via,
forse l'han stuprata
e trascinata via.

Son passati gli anni,
passati son decenni,
lei attende vigile
su al quinto piano.

La madre è invecchiata
passando notti e giorni
in veglia alla finestra
su al quinto piano.

La madre attende Mara
convinta che ritorni.

Alcamo, 17.04.2013 ore 22,00

Poeta

Poeta fui.
Poeta io rimango
dopo il passaggio
da questa ad altra sponda.

Poeta sono
vivo tra i viventi
l'opera mia
sarà gradita a tanti.

Sii pur tu poeta
sprizza la tua gioia,
se taciturno
esterna la tua noia.

I sentimenti umani
son comuni a tutti,
ma sgorgano diversi
tra l'oggi e l'indomani.

Sarai eterno
nell'illusione vana
d'essere stato
singolar cantore.

Dissimile cantor
da tutti quanti.

Alcamo, 05.05.2013 ore 11,25.

Ortica

S'avvicinò il bambino
ad un'ortica
verde e rigogliosa
e la toccò.

Carezza fu la sua,
respinta.

Volle riprovare.

Pungente e dolorante
la risposta.

Non ebbe amici mai
l'urticante ortica.

Il bimbo la odiò
tutta la vita.

Alcamo, 09.06.2013 ore 10,45.

Giulio

Moribondo Giulio
ebbe sogni vivi.

Di cose giornaliere
di case e di lavori
per abbellirne il tutto
e poi goderlo
fu il farfugliar suo vano.

Questo fu il senso
di parole e tono
quella sera infame
quando quel Cristo
pendente dalla Croce
fissava in modo strano.

Contro quel Cristo
aveva bestemmiato.
Quel Cristo in croce
aveva pur pregato.

Miracoli quel Dio
non aveva fatti
e di buttarlo al fuoco
avea giurato.

Ma che ci stava a fare
se sull'amara terra
ai figli bisognosi
non porgeva mano?

Bello sarebbe,
gli fecero capire,
se ad ognun che implora
desse la Sua mano.

Nessun miracolato
avremmo sulla terra
avendo tutti
felicità a richiesta.

Tra i rantoli di morte
chiuse gli occhi Giulio
e chiese a Dio perdono.

Girato su d'un fianco
con le mani giunte
spirato fu trovato.

Alcamo, 09.06.2013 ore 11,25.

Pupella

Morì Tortilio
dopo avere offeso
il mondo intero,
dopo aver recato
danno a tutti,
anche a suo fratello.

Venne il giorno
delle dipartita,
venne il giorno in cui
l'addolorato frate
ne pose a letto
la mesta compagna.

Con molto affetto
e con tanto affanno
lui l'accarezzò,
la coprì di baci:
alfin la consolò.

Non era bella
Pupella la cognata,
ma egli pose
impegno di vendetta.

Della dipartita
e di tanto dolore
Pupella fu alleviata
e consolata.

*Alcamo, c/da Gammara Molinello,
17.06.2013 ore 0,15.*

Celebrità

Molti dicon di me
che son poeta,
ma di poeta
io non ho la vena.

Vorrei sapere unire
tre parole in fila
che abbian senso logico
e di vita.

Celebrità io cerco
sospirando
forse la troverò
scrivendo.

L'illusione è bella
e tiene in vita
ogni speranza
ed ogni chimera.

L'alba, il tramonto
e il sole a mezzogiorno
han palpiti di gioia
o di noia.

Ma son sempre vita.

Alcamo, c/da Gammara Molinello
07.07.2013 ore 9,55.

Il Genio

Ognun che segue
color che son davanti
savio è ritenuto
se s'uniforma ai tanti.

Fuori di strada
fuori di precetto
solo il matto corre.

La fantasia ribelle
l'intelligenza occulta
lo renderanno illustre
o uomo di bordello.

Il genio è questo,
è fuori d'ogni norma
è un senza Dio
o dio egli stesso.

Alcamo, c/da Gammara Molinello,
29.07.2013 ore 16,45

Desideri

Mi piacerebbe

essere un uccello,
con un volo
giungere sui pini,
o pescecane
per solcare i mari,
senza bisogno
di pinne o di ali
di barche o di gommoni,
come succede
ai profughi africani.

In libertà assoluta
abbracciar la luna,
avvicinarmi al sole,
ritornare a terra
con sogni e desideri
appagati.

Alcamo, c/da Gammara Molinello,
31.07.2013 ore 16,53.

Partenza

Portò via le scorie
il vento, o quasi,
dopo l'amplesso
sulla battigia addormentata.

Sereni fummo
e soli
come sempre.

Ci richiamò alla vita
del treno il lungo fischio,
il treno della fantasia,
della stazione
lì in riva al mare.

Sola partisti
e più non ti rividi.

Solo restai
tra gli aliti del vento
ripulitor di scorie
nell'afoso agosto.

Alcamo, Gammara Molinello,
25.08.2013 ore23,05.

Dono

La giovinezza tua
mi donasti.

Vergine e pura
tra le braccia mie
margherita al sole
tu fioristi.

Rosa sbocciasti
allo spuntar dell'alba.

Portasti frutti in grembo
saporiti e belli
virginea in cuore
madre dei miei figli.

Alcamo, 13.09.2013 ore 6,00.

Cantico

Attesi ardentemente
il mio signore.

Egli è venuto
nel mezzo della notte
ed ha posato
il capo sul mio seno.

Tutto l'ho baciato.

Con i capelli
odorosi e lunghi
tutto il corpo suo
ho circondato.

M'ha preso lungamente
ed io mi son donata.

Spossata e soddisfatta
tra le braccia sue
mi sono addormentata.

Egli più non c'era
al mio risveglio,
ma il ricordo
di dolcezza pieno
tutto il giorno
mi ha inebriata.

Alcamo, 18.09.2013 ore 08,15.

Ricordo di un sogno

Ho chiuso gli occhi
sul fare del mattino
per ricordare un sogno
della notte.

Penso e ripenso
ma più non rivivrà
il sogno mio.

Pure il ricordo
svanito è del sogno,
del sogno bello
che non aveva senso.

La percezione resta
delusa percezione
d'un sogno bello
che non tornerà.

Alcamo 22.09.2013 ore 10,00.

Il cardellino

Sotto l'albero di cachi
mi ha bloccato
d'un cardellino il canto.

Appassionatamente
con note acute e varie
l'amore suo esternava.

Sul vicino ramo
vibrava la compagna.

L'amor dei cardellini
scoppiò all'improvviso
convulso e muto
dell'albero di cachi
fra le fronde.

Alcamo, c/da Gammara Molinello,
26.10.2013 ore 10,08

Il Generale Mango

Spavaldo venne avanti
il generale Mango.
Pronti eravamo
ad affrontar la morte.

Pieno fu d'orgoglio
di tutti i suoi soldati
del valore loro
della dedizione
dell'abnegazione
e dell'amor patriottico.

Venne a spiegarci
come si combatte
per vivere felici
dopo la vittoria.

Ordine diede
d'andar contro il nemico,
d'aprire il fuoco
coi bronzei cannoni.

Andammo innanzi
fuori di trincea
nemici furibondi
contro altri nemici.

Caddero molti
dinanzi e dietro a noi.

Furono gli eroi
per l'una e l'altra sponda
trascinati a morte
da burattinai.

Il generale Mango
dalle retrovie
incitava sempre
e incitando visse.

Il valore dei soldati suoi
morti sul campo
fu lauto premio a lui.

Alcamo, c/da Gammara Molinello,
02.11.2013 ore 12,30

Il poeta contadino

Ciccio il contadino
i cavoli ha piantato
uno accanto all'altro
bene mesi in fila
e a modo distanziati,
le rape e le cicorie
le dalie e i crisantemi
gli alberi da frutto
e gli alberi da fiori.

È un poeta
sulla nuda terra
è un poeta
in mezzo alla natura.

Grazia e perfezione
e beltà lui infonde
passione e amore
e immensa dedizione.

Gioioso è Ciccio
alla fioritura
Ciccio canta allegro
alla potatura.

Ma quando giunge
la grandine di luglio
ingoia lacrime
di desolazione.

Tra le stagioni
la natura e i fiori
tra melanzane
zucche e peperoni
Ciccio dipinge
tutti i suoi quadri
e manda al cielo
inni e imprecazioni.

Alcamo, 16.12.2013 ore 14,50

L'artigian poeta

Il falegname e il fabbro
il muratore e il sarto
sono poeti
nei loro mestieri,
e se perfetti
sono maestri e rifinitori.

Fiorisce il bello
nelle loro mani
gioisce l'occhio
e gode l'intelletto.

Ogni artigiano
è un creatore
ogni artigiano
gioisce e si dispera.

I manufatti
sono i loro canti
come la tela
è in mano dell'artista,
come un sonetto
è per il cantore
che a carta e penna affida
cuore ed emozione.

Mentre dipinge
poeta è il pittore
o chi a materia
dona forma e vita.

Ognun che crea
sicuro è un poeta
perché produce il bello.

Ché il bello non è bello
per denaro.
Il bello è bello solo
se soddisfa sensi ed intelletto.

Alcamo, 16.12.2013 ore 15,00

Anno 2014
Ultimi arrivati

– 60 –

Sono versi soggetti ad essere rivisitati e, come dice il mio carissimo
amico Antonio Magnolo, limati.
Sono nati nel periodo in cui si è provveduto a ordinare e rivisitare i
vecchi e i nuovi versi da consegnare alla tipografia. Voglio augurare
a me stesso che siano i migliori di tutti e che possano dare al lettore
qualche emozione in più rispetto agli altri.

La taranta

Le ardenti salentine
giovani fresche e belle
danzano la taranta.

Sono le baccanti
stilizzate in nero
che su piedi alterni
rivivono fissate
su vassoi antichi
di terracotta rossa.

Si sciolgono le cinture
Si slacciano i calzari
svolazzano le vesti
nel vorticoso andare
or leggero e snello
or vigoroso e forte
col battente piede
come su palmento
a pigiare l'uva
dell'eterno Bacco.

Il tamburello s'agita,
frenetico tintinna
col vorticoso andare
delle tarantate.

Vola in alto un velo
volteggian le fanciulle
saltellando danzano
le ardenti salentine.

Poi bruscamente crollano
insieme con le note
le salentine belle
tarantate.

Alcamo, 08.02.2014 ore 17,20

Cartolina colorata

Dinanzi a me
c'è una cartolina.

Me l'ha inviata Dio
amico mio eterno.

Di questo panorama
gioisci nel silenzio,
tu, che solo sei,
-così mi ha scritto-
tu, che solo sei
e solitario.

Il mare verde-azzurro,
o color lampone,
il mare pesca gialla
quando è sera,
in tante chiazze
in distese immense
ti ho inviato
di qua dall'infinito.

Tu non mi rispondere,
ma pensa solamente,
solo qualche volta,
che t'ho voluto bene
e t'ho pensato

Alcamo marina, 16.02.2014
ore 11,27

Sotto l'ombrosa vigna

Sotto l'ombrosa vigna
puoi fare mille sogni,
centomila viaggi
di là dal mare,
scalare monti impervi.

Puoi navigare
per smisurati oceani
o con voli estremi
superar pianeti
conoscere le stelle
da vicino
e poi tornare
ad abbracciar la terra
che continua a darti
linfa e vita.

Alcamo, c/da Gammara Molinello,

25.02.2014 ore 13,05.

Le ali dell'aquila

Avere io vorrei
dell'aquila le ali
per giungere alla cima
della roccia
impervia e aguzza.

Per dominar con gli occhi
l'orizzonte
ove non osano le nubi
intristir la vita.
Per volteggiar qua e là
sui nascosti antri
sui lidi sconosciuti
nel cuor dell'uomo
ribelle e tristo
per portar la gioia
che non ho in possesso.

Alcamo, 21.03.2014 ore 17,10

Concezione

Vi dico come nacque
mio fratello.

Con la donna sua
nel torrido meriggio
un figlio concepiva
il padre mio
nella penombra
attorno a ferragosto
sotto il lenzuolo bianco
di bucato
con parole dolci
sussurrate piano.

L'orecchio mio curioso
percepiva
ad occhi chiusi
a otto anni appena
le parole dolci
nella finzione
d'un profondo sonno.
Ignoravo ancora
come si nasce
ma come prende il volo
l'inizio della vita
già insegnava
la scuola della strada.

Tutto l'amplesso
era un artificio
di fuochi a ciel sereno
nell'età piena
degl'infocati amanti.

Ora fuochi lievi
e più pacati
per me
il ricordo attizza.
Alla mia donna
con ardor m'appresso.
Felici rinnoviamo
tutti i momenti
dell'età più bella.

Alcamo, 04.04.2014 ore 06,05.

Concludendo

Son versi
come riflessi nati
da cose e sensazioni
che non danno pane
a chi di pane ha fame.

Che non danno fama
a chi poeta è in vita
che non danno vita
a chi cerca fama.

Verolengo, 30.12.2013 ore 15,35

MARINO GIANNUZZO

Versi Sparsi

qua e là lungo il sentiero della vita.

INTRODUZIONE

Fin dall'adolescenza sono stato un cultore della poesia, intesa come liberazione dello spirito dalla quotidianità. Ho sempre inteso la poesia non come esternazione di espressioni forbite, ma come sentire intimo, sovente non espresso in modo alcuno e non conosciuto dagli altri. Quella poesia che neppure noi stessi conosceremo mai più, così come si è sviluppata nel nostro intimo in un determinato momento e in una determinata circostanza della vita.

Io sono uno che butta giù dei versi, e dipinge anche, quando gli va; talvolta a distanza di anni fra un'opera e un'altra. Mai su commissione. Ho avuto la fortuna di poter essere un uomo libero. Sono molto soddisfatto quando qualcosa riesce come a me piace. Ripudio ciò che non mi piace, anche se non sempre lo distruggo.

A modo mio sono un artista e a modo vostro sarete degli intenditori. Comunque so, in via di massima, che l'artista deve morire per essere capito.

E tuttavia spero di morire il più tardi possibile; sia in senso reale che in senso figurato.

Alcamo, 23.01.2003

Marino Giannuzzo

PROLOGO
Un poeta per amico

Con ritardo da quando ho avuto l'onore e il piacere di ricevere in dono il libro "Versi Sparsi" e dopo aver letto e riletto più volte le splendide poesie in esso contenute mi accingo a scrivere spinto dall'unica esigenza di fissare, nero su bianco, le emozioni che hanno suscitato in me tanti versi scritti dal poeta, ma da me rivissuti come uno strano spettatore, quasi spiritualmente presente all'atto creativo che li ha visti nascere. È l'essere stato, è l'essere oggi forse ancor di più, amico del poeta che mi dà questa splendida facoltà, questa posizione di privilegio e questa mia forse presuntuosa certezza di poter comprendere, più di tanti altri, il sentimento che sottende a tante poesie contenute nel libro e ad altre sciolte pervenutemi in questi ultimi tempi. Mi sembra insomma di poterle considerare, non tutte ma molte, mie poesie, non nell'atto creativo, ciò è fuor di dubbio, ma nelle stesse forti emozioni provate dal poeta, proprio per questa mia situazione: essergli, appunto, amico.

Un tratto, forse non lungo della mia e della sua vita, l'abbiamo percorso insieme e se non lungo certamente significativo.

Non conosco i motivi che hanno indotto il poeta a scegliere l'ordine alfabetico alle poesie, certo è che l'effetto ottenuto è simile alla semina fatta dal contadino col gesto ampio del braccio a semicerchio per spargere sementi o concime nei campi. Leggendo il libro si ha l'impressione che il poeta non solo ci porti da un posto all'altro con un ordine assolutamente a noi sconosciuto, ma ci presenti poesie dal ritmo e dallo stile assai diversi, proprio perché la semina del poeta ha accostato spesso testi scritti in periodi di tempo assai lontani e che presentano emozioni determinate da situazioni contingenti diverse e note solo al poeta. Quel che noi vediamo e gustiamo sono immagini, ritratti, avvenimenti di vita quotidiana e scenografie che quei versi

hanno tradotto spesso con una immediatezza e nitidezza sorprenden-
te, con un verso sempre armonioso, con la parola opportunamente
scelta e con l'impatto emotivo sapientemente dosato. Ordine dunque
alfabetico che ha portato ad un rimescolamento incredibile di tempi
e luoghi dando l'impressione di un cesto ricolmo di petali di svariati
colori o di un vestito variopinto.

L'opera

Il testo contiene poesie che abbracciano un arco di tempo che va
dal lontano 1964 fino al 23 agosto 2003. L'ultima poesia, riportata
nell'elenco, indica solo l'anno, 2003, e non è possibile sapere se è
antecedente o successiva alla data sopradetta. Nell'elenco, le poesie,
peraltro rarissime, che portano come data solo l'anno, sono riportate
in coda alle altre dello stesso anno. Mi sembra che l'opera potrebbe
essere divisa in tre periodi distinti dal 1964 al 1998 il primo, dal 1999
al 13.02.2002 il secondo, al quale darei il nome di "Periodo di Cal-
tanissetta" e che comprende anche le poesie scritte ad Alcamo entro
febbraio 2002, ed infine il terzo periodo dal 10.04.2002 in poi.

Antonio Magnolo

Abulia

Abulia,
nota amara e gentile,
morta la volontà.

Senso d'eterna stanchezza
invade le membra,
lo spirito annebbia
e nulla
nulla
più ci tormenta.

Morta è la voglia d'agire.

Pure l'amore s'arresta,
l'oblio invade le membra
che l'anima invade
e più non tormenta.

Caltanissetta, 02.02.2000 ore 21,05

Alessio

Eri l'unica cosa bella
che attendevo.
E sei arrivata.
Figlio mio,
parte del mio io
più che me stesso,
nel futuro
ti vedo proiettato,
compimento degli atti miei
più belli.

La tua speranza io non tradirò.
Pronto son io
a strugger altra vita
se alla tua s'attenta.

In te io rivivrò
e tu mia vita sei.
Io t'amo forse più
di quanto ami tu
te stesso.

E tutto intorno a me vaneggia
se un solo istante ho dubbio
che tu a me non sopravviverai.
Ed ho paura.
Paura che il domani
non sappia renderti felice
o che il fatal destino
possa tradire
il tuo e il mio desio.

Un dio sei per me
e dio ti voglio.
Io il padre
tu il figlio:
una vita siamo.

Alcamo, 14.05.1989 ore 16,50

Amor senile

La mia compagna è là.
Attende il mio ritorno.
Poi m'abbraccerà
senza parlare
senza un perché
apparente.

Mi sentirò appagato
di questa mia esistenza
e un giorno dopo l'altro
anch'io vivrò nell'ansia
di stringerla al mio seno
come ai vecchi tempi
quando i nostri cuori
giovani e forti
erano uno
in unico cammino.

Luce all'orizzonte
è lei
faro che lampeggia
nella notte
di questa vita intensa.

La terra il mare il cielo
umile contorno
all'amore nostro
tacito e tranquillo
della senilità.

Caltanissetta 18.05.1999 ore 20,45

Amore

Ardo di passione.

Dinanzi a me tu corri
e io t'afferro,
il seno tuo abbraccio
e a me lo stringo:
un corpo solo siamo
carne nella carne,
in te mi sciolgo
e tutto mi consumo.

Tu sei profumo
che inebri le mie membra,
mi rassereni
e mi ridai la vita.
Amore in me è rinato
con la giovinezza
e sulla pelle tua
di seta e di velluto
tutto mi distendo:
nelle carni tue
penetro tutto
e come treno scendo.

Amore,
amore,
amore.
Questo il mio verso.
E al verso mio risponde
tutto il tuo corpo
e tutta la tua mente
con infocato ardore.

Poi tutto tace
e i sensi hanno pace.

Alcamo, c\da Molinello 08.08.2003 ore 13,00

Amore e odio

Una volta ancora
io t'amo e t'odio.
Vorrei annientarti
per farti poi rinascere
senza la colpa.
E tutta mia saresti
una volta ancora.
Ma lo sperare è vano
e t'odio
come mai odiai
in vita mia.

Sei immonda
e non ti bramo
che per farti male.
Mia è la vita
e l'amo.

Giovane rosa
su robusto stelo
profumata e viva
in questo cuore mio
piantata s'è.
Strappar tu non la puoi:
com'edera

ha poste le radici.
La rosa e il cuore
strapperai a brandelli,
ma disunir giammai
tu li potrai.

Il vecchio amore
fiele è diventato
e al nuovo amor dà vita
come marcito tronco
a giovane virgulto,
ch'io amo e bramo
più degli occhi miei.

Alcamo, 19.03.1973 ore 1,00

Anna Oddo

-Anche tu?-
mi chiese Anna Oddo
la puttana.

Un pomeriggio nero
di bile e di tormento
avrei voluto stringerla
nel letto.
Non l'ebbi mai.
E fu la donna onesta
più di tutte
pur se non di tutte
la più bella.

Bile era l'amore
frutto di tormento
e sesso ributtante
quel ch'io volevo.

-Domani tornerai.
lavata e profumata
tu m'avrai-.
Più non tornai.
Anna Oddo la puttana

nel cuore mi restò
la più stimata.

CL, 22\3\2001 ore 10,15

Antonio

Due occhioni neri
grandi come il mare
su un visino immenso.
Antonio si chiamava.
Un piccolo macigno
era nel corpo
e buono più del pane
il cuore suo.
Rosee le guance
simili a due mele
maturate al sole.

Pur lui sperduto
nei meandri della vita
andato è per il mondo
senza amici
e senza dolci amori.

Nella stanzetta sopra la cantina
il cuore suo ha lasciato,
dove è rimasto il mio
e degli amici suoi,
dove la vita
insegnava a tutti
a vivere il domani.

*Alcamo, c\da Molinello 28.02.2003 ore
18.00*

Artisti moderni

Poeta è il pazzo
che imbroglia
taglia
e la logica rovescia.
Pittor lo strabico
che la realtà deforma
e i colori al caso affida.
Suoni sperduti
e rumori accattonati
la musica che vale.
Stupiscono le arti
ma i critici di più,
gente saccente
tutti prezzolati
e leccaculo mascherati.

Cl, 29.11.2001 ore 0,15

Assassinio sognato

In sogno
stanotte
hanno sparato
contro un uomo
caduto nel fango
al mio lato.

Due hanno sparato.
Un colpo
ha ucciso il vicino
al mio fianco;
tre colpi contro il mio corpo
a terra disteso
finto cadavere immoto.

Nel buio
un inetto assassino
mirava
contro il mio capo

giacente tra l'erba del suolo
incerto se fossi già morto.

Poi andarono gli uomini
ignoti
voltandosi a tratti:
io ucciso per caso
fui testimone
d'un assassinio sognato.

CL,04.09.2000 ore 14,45

Attendere

Sotto la luna bianca
c'è un mare nero nero
e il mondo tutto intero
ha un'aria stanca.

Ma guarda sotto il tetto
dell'umile famiglia,
c'è padre madre e figlia
in apprensivo aspetto.

Aspettano qualcuno
che venga da lontano;
solo allor ognuno
andrà a dormir pian piano.

Palermo, 13.02.1987 ore 19,45

Attesa

Infinita è l'attesa
dell'eterno domani,
infinito,
illusione perenne,
vitale.
D'arte invaghiti e di cielo,
di marina e montana poesia

che riempie le nostre giornate
di precaria allegria.
Viandanti senza una meta
trasciniamo i nostri calzari
oggi,
domani,
nell'eterno domani.

Caltanissetta, 29.02.2000 ore 16,15

Bella è la vita

Bella è la vita
che ci alletta e inganna
con mille illusioni.

Siam cani arrabbiati
a scannarci pronti
come fratelli
che oggi hanno il miele
ma domani il fiele
nei tristi cuori.

Il fratello odiamo
di pace però siamo
portatori.
E nessuno scagli
la primiera pietra
perché tutti siamo
peccatori.

Innocenti siamo
di ogni misfatto
ma tutti colpa abbiamo
della rapina ignota
che avviene più lontano,
dell'omicidio oscuro
mai conosciuto
e mai confessato.

Alcamo, 15.11.1972 ore 14,15

Campagna

Le serpi e le lucertole,
i topi e i bei ramarri
sono gli amici
nella mia campagna.

Di terra un fazzoletto
ove trastullo
la cagna mia in calore,
tra gli eucalipti, in corsa.

Un alito di vento
le nubi spinge a oriente
mentre sui nostri corpi
giunge da levante
la brezza tenue e fresca
del mattino
dopo l'arsura
delle infocate notti
a giugno.

Il caldo, il freddo,
i giorni e i mesi passano
e gli uomini e le cose
e gli animali tutti.

*Alcamo, c\da Molinello 2.7.2003 ore
9,20*

Camposanto

Gelido era il vento
e andavano le foglie in mulinello,
in pieno inverno,
tra tombe tante e croci solitarie
nella bruna terra.

L'adolescenza mia
dietro una tomba
spesso vi trascorsi,
cercando pace e amore

che mai ho perso
perché mai ho posseduto.

La tomba non c'è più.

Pace e amore altrove
cerco in solitudine
tra turbolente folle
di esseri che vanno
io non so dove
e nessuno sa
fino a quando.

CL, 11.09.2001 ore 10,25

Carezza

La mano tua fugace
sul viso mio
provato e macilento
gentile una carezza
d'amore puro
quasi non carnale
distende lieve.

Adolescente torna
con fragili contatti
e vellutati baci
nell'arco discendente
della vita
amore.

I corpi nostri
posan nella quiete,
solo talvolta
da un fremito percorsi,
e nel ricordo
della giovinezza
guizza una fiamma
di carnale ardore.

Tacciono i sensi
e sol la pace resta
ai nostri cuori
travagliati e stanchi.

Alcamo, 16.02.2003 ore 7,30

Carnevale

È arrivato Carnevale.
Chi sta bene e chi sta male,
chi non mangia pasta e aglio
mangia forse pizza a taglio.

Arlecchino variopinto
ha indossato un verde cinto.
Colombina con ardore
a lui dona tutto il cuore.

C'è Vanessa col suo "tatte":
è la prima tra le matte,
vuole inchiostro penna e carta
e non vuol fare la sarta.

Se, signori, a voi non spiace
noi vorremmo un po' di pace.
C'è chi dorme e c'è chi veglia
con la pizza nella teglia.

C'è Dorina la poetessa:
la mattina va a messa
poi s'aggira in cucina
e la sera e la mattina.

Senza canto e senza suono
noi sappiamo esser felici
quando siamo tra gli amici
con un fiasco di vin buono.

C'è chi vuole l'acqua schietta:
se la beva o se la metta

anche in tasca per riserva
se gli accade che s'annerva.

Questo è il lieto carnevale:
a chi va bene e a chi va male
a chi porta scherzi atroci
a qualcuno mele e noci.

Io saluto tutti quanti:
Carnevale, vieni avanti.

Alcamo, 26.02.1976

Carolina

Guardo Carolina.

La lucidatrice raglia
e scivola per casa
frastornata.
La cera è già passata
e i figli sono in strada.
Carolina è matta,
non è colpa sua,
gira per la casa
beata di vederla luccicare
sotto le bianche lampade
di tutti gli abatjours.

Rimpianti e grandi amori
Carolina ha tanti
nel sonno e nella veglia
ma amato più di tutti
è Fioravanti.
L'abbraccia per la strada
l'ama anche in giardino
morale non esiste
e tra tutti lei
è la più felice.

Alcamo, 23.09.1977

Casa di campagna

Muri di pietra antica
colorata
la casa di campagna
fatta con stenti
fatta con amore
lacrime e sospiri
nei momenti scuri
della vita.

Frutto della fantasia
dimora delle idee
mie più belle.

Gli amori vi sbocciarono
in estate.
E gioia amore e fiori
tutti vi dipinsi
senza ragione
solo con il cuore.

Accanto
la mia tomba io vorrei
in fondo al pozzo
che ora non c'è più
e che riscaverei.

Caltanissetta, 14.06.2000 ore 21,55

Cimitero

Qui radunati sono
tra gialli crisantemi
i morti nostri.

Corpi macilenti e strutti
senz'alito di vita,
carni putrefatte
e organi consunti
chiedono pietà e preci,
gli occhi al ciel rivolti
nel buio della tomba.

E noi sui giorni nostri
l'aiuto che non posson dare
imploriam piangenti
e il terror ci coglie
se al cospetto nostro
le di loro spoglie
il caso ci riporta.

Falso amore il nostro
quando fiori e messe
a loro tributiamo.
Quando i nostri morti,
che più non ricordiamo,
in cielo ci fingiamo.

Corpi caduchi,
utili alla terra,
pietà a noi volgete,
anime illustri
almeno per coloro
che intimi vi stanno.

Alcamo-c\da Molinello,
26.10.2002 ore 12,45

Circo Massimo

Uomini e donne al circo
rinunciano a difendersi
tra le feroci belve
che i figli loro azzannano,
ne sbranano le membra.

Canti al cielo innalzano.
L'ipnosi agisce
su spiriti già morti.
Privi della vita
non hanno più dolore.

Del figlio il corpo
della tigre in pasto
in nome di quel Dio

che ogni facoltà
di sentir le ha tolto
una madre dà.

E madri e figli
sorelle e padri tutti
nel desiderio della morte
incontro al cielo vanno.

L'infernale orgia
della baraonda
nell'immenso circo
stupefatta e ignara
ogni dolor sublima.

Cl, 28.11.2001 ore 19,30.

Compagni

Pontieri, Galasso e Caporale,
Marchesi, Manfredi e Caranese,
Seclì e D'Agostino,
ricordi della fanciullezza,
ve ne siete andati.

Il mondo ci ha inghiottiti.
Puri ci renderà all'Infinito.
Quanti sogni nei volti
svaniti col passar degli anni.

A modo proprio
ognuno torna
ai compagni della fanciullezza
mai cresciuti.

Tutti nel cuor li porto,
anche gli odiati,
di quella triste età
che pur sperando
non avea illusioni.

CL, 18.09.2001 ore 17,15

Condannato a morte

Giudicato reo.
Quindi avevo torto
e fui condannato.
Questo il verdetto
per me che fui innocente.

Farò appello al mio giustiziere
e torto avrò
una volta ancora
come ieri.

Rinchiuso nel braccio della morte
tra le inferriate guardo
dell'alta finestra
arrugginite
il lontano cielo azzurro.
Piccole nubi si dissolvono
come ricordi:
senza rimpianti e senza rimorsi.

Ancor combatterò
la mia battaglia
tra l'illusione e la speranza
della vittoria per la vita.
Ombre lontane
e indistinte voci
inciteranno questa lotta mia,
vana per me e senza gloria,
contributo certo per l'umanità.

Pur morto io vivrò.
Non sarà il boia il mio carnefice.

CL, 10.02.2000 ore 9,45

Convento

Ero tornato
ai padri Passionisti.

Nessuno volle aprirmi
e me ne andai
ospite ignorato
senza salutare
chi mi fu compagno
nell'età più bella.

Sconosciuto un tale
al citofono rispose
e triste me ne andai
da Laurignano,
luogo di pace
dell'anima riposo,
senza salutare
gli amici
dell'età più bella.

CL 12.06.2000 ore 22,33

Corteo funebre

Di me stesso al funerale
compunto e sconsolato
con parenti e amici
afflitti sono andato.
Muta la bara
muti gli amici
muti i miei parenti
scendevano congiunti
al cimitero.

In prima fila c'erano i più cari
dispiaciuti
con lacrime e lamenti
o con silenzio muto
e pensieri tanti.

Chiacchera qualcuno
nel fondo della fila,
altri sorride
per una barzelletta,
d'affari alcuno tratta
e forte ne discute.
Dietro tutti anch'io
compunto come tanti.
A chiudere il corteo
ci vien d'appresso un cane
senza guaire e senza abbaiare.

La bara all' obitorio
lasciamo solitaria.
Io solo resto,
anima vagante,
attorno al corpo inanime
in compagnia del cane
unico amico
fin quando non ha fame.

Al terzo giorno
il cane s'allontana.
Quel corpo che fu mio
or puzza e fa ribrezzo:
vado via anch'io,
anima delusa,
una fra le tante,
che più non ha memoria
d'un corpo aitante.

Alcamo, 31.08.2002 ore 17,15

Croci

Croci di ferro battuto
croci di legno e di oro
croci soltanto
sui monti e sul petto.

La mia croce
è fatta soltanto di pene:

nessuno la vede
nessuno può darmi una mano
e non è la più lieve.

Formia, 04.06.1972

Cutrofiano

Cutrofiano,
lucente paesino di pianura,
ridente borgata,
abbandonata.

Piccole vie del centro
immense nella fanciullezza
tuguri già allor
cadenti.

Tutto previsto
tutto ormai scontato.
Sarei tornato
ma per ridirti addio.

Di nuovo andai
per le vie del mondo,
senza fermarmi,
senza riposare,
solo fra tanti
soli ed obliati.

Di strade immense
molte ne ho percorse,
altrove,
ma belle no,
come le tue non belle.

La rosa rampicante
e l'altissima pergola
non rivedrò ma più
salire al cielo
dagli angoli degli usci.

La nostalgia è rimasta
al piede della rosa.
Come la rosa
l'anima è invecchiata
con le case senza vita.

Non tornerò mai più,
no, no, non tornerò
sui luoghi dell'infanzia.

Anche gli amici
sono andati via,
per le strade immense:
e non torneranno
che per ripartire.

Soli nasciamo
e soli ce ne andremo.
Anche i più cari
poi andranno via,
lontani.

Solo i ricordi
ci riuniranno
in tempi e luoghi
solo per noi belli.

Caltanissetta, 15.02.2000 ore 10,10

Debole donna

Debole donna
trionfatrice eterna
su vinti e vincitori
sempre sarai
al cospetto della vita.

L'uomo s'illude
di domare il mondo,
d'essere re
padron dell'universo,
ma succube sarà

di vergine mammella
o navigato seno
di mignotta.

Di femminea dolcezza
o d'infimo ludibrio
il mondo è tutto
e l'uomo un cagnolino
ai piedi suoi.

L'amor trionfa
se la donna vuole.
Di quel trionfo
solo un mezzo è l'uomo.

CL, 30.10.2001 ore 10,00

Doni

Nel millenovecentosessantuno
fui nel cimitero a Dipignano.
Sulla tomba triste d'un bambino
caramelle vidi sparse
e un dolcino.

Erano i doni ai morti per i vivi
e prenderli non era sacrilegio
ma atto gradito a chi l'avea deposti,
atto gradito a tutti i bimbi morti,
fiori recisi nell'età più bella.

Alcamo, 9.11.2002 ore 7,30

Donna

Statua della libertà
in capo al corso
per chi ti cerca
sei.

Attorno a te
il nostro mondo gira
forza centripeta
con le illusioni
e le speranze vive.

L'alloro al traguardo
raccolto con fatica
ai piedi tuoi
vien posto,
o gloria e libertà,
donna, forte e dolce.

Nell'abbraccio tuo
la nostra pace,
nel grembo tuo
posiam
le nostre ambasce,
in te trova l'uomo
amore e vita.

CL, 07\03\2001 ore 23,00

Donne

Sono molte e varie
le donne nella vita.

Angeliche o spietate,
alla rissa pronte
o piene di bontà,
dolci e profumate,
petali di rosa sul mattino
o stelo pien di spine
sulla sera.

Come la roccia forti
o fuscelli lievi
nell'aria galleggianti.

Gaie ed amorevoli
madri abbracciate ai figli
mogli vendute a sposi
scostanti e non amate.

Donne che gli occhi torcono
al colmo dell'amplesso
o simili a cavalle
infocate e ardenti
nella piena arsura.

Donne amorevoli,
piacevoli orizzonti,
brezza che rinfranca
o scuote le tue membra.

Donne soavi al bacio
e pelle di velluto,
materne e carezzevoli,
venali o generose:
le donne nella vita.

CL, 18.09.2001 ore 9,30

Dormiveglia

Cerco un pensiero
da inseguire
al buio
per stancarmi
e poi dormire.

Alcamo, 03.06.03. ore 0,40

È successo…

-È successo a me
quel che è successo a tanti,
ma non pensavo
che io fossi attore
e avessi la mia parte
in questo teatrino della vita.

La donna ch'io amavo
con altri s'è fuggita
e m'ha lasciato
con due gemelli
teneri e lattanti.

Svanì l'amore suo
degli andati tempi
che amor non era
ma voglia d'una minchia
incardinata.

Così mi disse
il mio vicin di casa
questa mattina
coi capelli al vento
e il viso stralunato.

Io non risposi
e tacque
vuoto lo sguardo
e vago il sentimento.

*Alcamo, c\da Molinello, 20.02.2003
ore 18'15*

Emigranti

Lontano
vanno gli emigranti
in cerca di lavoro,
in movimento
come le antiche greggi
sui tratturi di montagna.
Pascoli cercano
verdeggianti e pane.

Tante illusioni
sparse sulla via
vecchie chimere
nere dentro il cuore.

Lunghe file
dopo lunghi viaggi
speranze al ciel sospese
e brividi
brividi tanti
nelle notti senza luna.

Avrà l'aurora il sole
e la speranza vita.

CL 25.05.2000 ore 20,00

Estate

Come farfalle al vento
cadon le foglie secche
dall'alto eucalipto.

Canta la cicala
nel vallone
e il cielo introna
sulle dorate spighe
dell'infocato giugno
vespertino.

Come randagi cani
dietro la mietitrebbia
vanno i popolani
a cogliere la paglia
per gli animali.

Alcamo, c\da Molinello 24.06.2003 ore 13,40

Fine

Giunge la sera
e il giorno s'allontana.
Ormai sciancato e zoppo
vado del fiume
sulla riva opposta,
dove la vita è morte,
dove risulta tutto
una gran minchiata.

Caltanissetta, 10.11.1999

Sotto le fresche fronde

Immoto è il tempo
nella solitudine
di questa beata pace
senza suoni
tra gli alberi frondosi
e freschi
della fine estate.

Ma tu non tornerai
essere ignoto della giovinezza.
Nel fumo degli estivi fuochi
o tra le nebbie della primavera
tu mi apparirai
privo di sembianze,
Spirito puro e grande,
Creator dell'universo.

E nelle notti nere senza luna
o negli aridi deserti sotto il sole
a Te rivolgerò la prece
chiedendoti la mano e la speranza.

Essere ignoto tu sarai eterno
nel cuore degli umani
che in temporanea pace
stanno
sotto le fresche fronde

in pieno giorno
sul finir dell'estate.

CL, 11.09.2001 ore 10,00

Fuochi d'artificio

Nella notte un colpo
luminoso
tra le assenti stelle
e in alto
di luci una miriade
e un luccichio
a rosa, a imbuto, a fungo,
cascanti in mille forme
di salici piangenti.

I fuochi artificiali
amici dei fanciulli,
terror di appena nati,
nella notte buia
di stelle il cielo inondano
e giorno fanno.

Colori infiniti
affannosi e ansanti
scie nel cielo tracciano
tra fumi vari
ed improvvisi.

Alfin la notte tace
senza rumori e luci.

Dei fuochi artificiali
resta il fumo in cielo
disperso al vento
vagante nella notte
diradato.

Alcamo, 01.07.2002 ore 16,45

Fuoco

Con duro pene
fallo ho penetrato.

Breve fessura
piacere immenso apporta
ove piacere
immenso pure è dato.

L'eterno fuoco
negli antri oscuri
ha sede,
l'eterno fuoco
col pene vien domato.

Tutte in subbuglio
messe ha le tue membra,
tutte in subbuglio
messe ha le mie carni.

Il sangue sale,
annebbia pur la mente
e la mente scoppia
in mondo incantato.

Tacitamente
il sereno torna
dopo l'amplesso
nel buio della sera.

Roncadelle, 28.11.05 ore 6,00

Giovinezza

Un colpo d'ali
a risalir la china
e gli spazi infiniti
lo spirito conquista.

Della vittoria il brivido
fremere fa le membra

e l'anima nostra libra
lievemente eterea.
Sotto di noi il vuoto
piedistallo al corpo
che con dell'ala il colpo
gli spazi affronta
al vento.

L'inno di gloria al ciel
s'innalza e scoppia
e fuochi d'artificio
riporta alla memoria
nelle notti senza luna
prive di gioia
e di futuro incerto.

Degli anni tuoi
la giovinezza ferma,
tuffati nel mare della vita
con slancio e con speranza.

Alcamo, 19.08.2001 ore 16,00

Homo homini lupus

Famelico l'uomo è restato,
più crudele del lupo.

Il fratello ha mangiato il fratello,
in piena coscienza,
non per natura.

Le guerre son senza quartiere
le guerre son senza perché,
è guerra tra pazzi
ogni guerra che c'è.

Per il fatuo possesso
d'inutili pietre,
per affermare
un insulso ideale,

l'uomo sull'uomo
s'avventa feroce e
divora
pur senza aver fame.

Felici gli sciocchi
che godon la vita
e il sole fraterno
che illumina tutti.

Alcamo, 02.05.02   ore 6,00

Ictus

È giunto anche per me
giustiziere l'ictus
che molta gente spinge
fuori dal mondo
fuori dalla vita.

Ogni parola
la lingua mia farfuglia,
un angolo di bocca
fermo è al sol levante
mentre l'altro ammicca
verso il suo ponente
e gli occhi vanno
perduti all'orizzonte.

Questa è la foto
che guardo di me stesso
fisso lo sguardo
fisso nello specchio.

Sembro imbecille,
e forse io lo sono,
pure agli occhi miei.
Il mio cervello
pare sia toccato
da danno immane
e fulmine divino.

Pazzo,cretino,
stupido, imbecille,
scemo o rimbambito:
questi i giusti termini
per me che son colpito.

Ma voi che mi guardate
e che mi conosceste
quando fui normale
di me pietà abbiate.

Alcamo, 30.08.2002   ore 15,30

Idea

Peregrina e solitaria
senza compagne
sterile e vacua nasci,
idea.

L'infinito la tua casa
un cervello la tua terra
humus per la crescita
se non è tabula rasa.

Informe concepita
informe il tuo sviluppo.
Maturi e prendi forma
quasi spontanea e nuova.

Sconvolgi il mondo
e tutto rinnovelli
con la forza tua
immortali rendi,
idea.

Caltanissetta, 28.03.2000 ore 17,00

Il contadino

Accovacciato
sulla zolla grossa
di terra nera
sotto il sombrero immenso
messicano
immobile il villano
nel solleon di luglio
sta
tra solchi neri
di terra rivoltata.

Profondo un pensiero
lo estraniava
dalla natura intorno
assolata.

Fantoccio sembrò
ai corvi
stagliato all'orizzonte
senza turbamenti
senza spazi e tempi.

CL 25.05.2000 ore 23'00

Il dubbio

La soluzione chiedo
al mio cervello
di domande mille
e non risponde.

Sospeso resto anch'io
tra le domande
che non han risposta
e il vuoto intorno a me
regna sovrano.

CL,29.08.2000 ore 22,00

Il gabbiano

Librato nell'aria
il gabbiano
appeso ad un filo invisibile
sta.

Le ali fisse nel vuoto
compie immensa una curva
e dominatore
tiene raccolta
la grande famiglia
sull'acqua.

Castellammare del Golfo, 26.02.1972

Il grande saggio

-Non ha valor la vita
terrena e maledetta-
insegna il grande saggio.

Ricchezza e povertà
non hanno senso
se un subito tumor
le appaia e le livella
sull'orlo d'una fossa
eterna e nera.

Pinguedine, balletti,
gioire e poi soffrire
non hanno meta.

Un'illusione
il saggio ci prospetta
ed ogni azione ha senso
forse oltre la vita.

Alcamo, 11.02.2001

Il re del mondo

Il re del mondo
sono
senza scettro
senza alcun potere.

Padrone
neppure di me stesso
in piena libertà
virtuale.

Cl, 12.06.2000   ore 22,56

Il suicida

Nell'intima voce che chiama
a scaricare
il fardello della vita
trova una ragione
il suicida.

È un cane randagio
in mezzo ad un'autostrada
sceso da un pulman
che corre senza una meta.

Ha superato talvolta
l'attimo buio privo d'uscita.

'Sta volta
gli occhi serrati
un salto al di là
del baratro immenso
lo ha proiettato all'eterno.

Non ode il passato
né dolore né gioia.
Amici e nemici
più non ricorda.

Nell'eterno silenzio
finalmente
assapora la pace.

*Alcamo c\da Molinello 10.12 .2002
ore 18,00*

Il televisore

Foriero di mille notizie
foriero di mille illusioni
quadro variante
di giorno e di notte
attuale
di attimo in attimo
senza una tregua
come la vita.

D'estate e d'inverno,
in ogni stagione
occhio perenne
sui mondi.

Occhio che guarda lontano
che scruta gli abissi del mare,
s'addentra in reconditi antri
dell'infinito universo.

E paesi lontani
distese ghiacciate
o deserti mai visti
noi conosciamo
seduti in poltrona
sereni davanti al camino
mentre una guerra
infuria lontana.

Occhio sul mondo:
televisore è chiamato.

CL, 11.07.2000 ore 14,00

Il tempo

Il tempo passa
a misurar la vita
e nulla
nulla ci tormenta
più che la vita stessa.

Panta rei, tutto scorre
come al mare il fiume
or limpido e soave
or turbolento e nero.

Odio ed amore
come su vecchio tronco
edera s'attorce
e in alto ascende
per ricadere al suolo
secca e senza vita.

Amor
che dolce fa la vita
odio
che i giorni ci arrovella:
questa è l'altalena
che giammai ha quiete
nel passar del tempo.

Che passando dice:
vi voglio bene
v'abbraccio
e vi saluto.

Alcamo, c\da Molinello 5.9.1999
ore 16,15

Il treno

Tun...tun...
tun...tun...tun...
tun...tun...

Il treno fischiando
è passato
davanti alla vecchia stazione
assolata
senz'anima viva
che dia un senso alla vita
del treno che passa
sui vecchi binari
di strada ferrata
che senso non ha
nell'aperta campagna.

Serpeggia lontano
tra gialle colline
arse dal sole
di luglio
che ombre non ha.

Treno fantasma
è chiamato
senz'alcuno che viaggi
senz'alcuno che speri
senz'alcuno che aspetti
vicino o lontano.

E fischia ogni tanto
tra le assolate colline
il treno che va
senza una meta
senza speranza:
treno fantasma.

CL, 28.06.2000 ore 14,23

In aereo

Un cielo rovesciato
come nello specchio.

Buttarsi in tuffo
tra le nuvole di sotto
come su letto
di soffice bambagia
e saltellando
balzar
di picco in picco
nuvoloso.

Sopra di noi il cielo
azzurro e senza veli.

La terra più non vedo.

Il paradiso è qui
amorfo e senza vita.
Sicuramente Dio
è ancor più su.

Meridiana, 03.12.2000

Kimba

Kimba ha nome
la cagna di mio figlio.

Nessuno la voleva:
una cagna femmina.
Anche mia moglie
a lei s'è affezionata.

La cura Alessio
Vanessa le porta da mangiare.
Eppur sappiamo già
che la sua vita è breve.
Le cure e il dispiacere
non la salveranno.

L'ucciderà la mano
che l'ha curata.

Povera cagna,
forte eri e bella;
le corse per i campi,
i salti e i giochi
eran l'orgoglio
di chi ti stava accanto.

Ma or distesa
al sole del tramonto
ti guardo
ti compiango
e ho tanta pena.

Perché tu non soffra
io t'ammazzerò.
Non so se è giusto,
non so se cuore avrò.
Un'unica certezza:
dopo morta
ti rimpiangerò.

Alcamo, c/da Molinello, 27.04.1995
ore 18,00.

La barca

Snella come un pesce
va la barca al mare
nero di mistero.

Vanno a pescare
la fortuna altrove
e neri di sole
porteranno il pane
i pescatori
ai piccoli in attesa.

Parte la barca,
in rete la speranza

di portare
con il pesce il pane.

C\mare del Golfo, 1979

La lezione

Amelia dà lezione:
che piacere!
Cinque per cinque per cinque-
dice-
e poi s'arresta.
Carmelo non capisce
e guarda muto.
Stanco è della vita
e non la comprende;
egli non sa
che un dì sarà più triste
e stupido parrà
tutto il passato.

Ma vivi or felice,
mio Carmelo,
trascura il tuo domani.
Donne e ricchezze:
tutto è fantasia;
arriveranno e passeranno
come nubi al vento.
Tetro e amareggiato resterai:
unica compagna la tua tomba
seno materno unico e fidato.

Amelia spiega
ma nulla che non sia
già spiegato.

E non saprà mai
che vivere e morire
non ha senso.
Apprendi questo,
povero ragazzo,
vivere non sarà
un gran tormento.

Sprezza la vita
e ai piedi la vedrai.
Ma questo già per te
è un gran problema:
non pensare a nulla.
Ascolta la filosofia antica:
sazia la pancia
e del resto te ne frega.

Alcamo, 17.11.1972 ore 16,00

La macchia

Hanno stravolto i luoghi
intorno a me,
i luoghi dell'infanzia.

L'amica mia natura
hanno distrutto
eterna nel mio sguardo.
Ma il mondo gira
e tutto intorno a me
gira e non s'arresta
al mio volere.
Muta la terra
crescono i virgulti
e tutto si trasforma.

Anch'io non resto eterno
nell'attimo voluto.
Pur io son cambiato
e nulla m'ha fermato.

Anche le pietre
della vecchia casa
sono andate via
e qui il ricordo resta
d'un bimbo mai cresciuto
tra gli alberi d'ulivo
d'un pero e d'un arancio
che pure allora c'era.

Cutrofiano, alla Macchia 10.04.2002
ore 18,10.

La poiana

Ali spiegate
al vento ascensionale
alta e solitaria
la poiana sta
ferma nell'azzurro,
punto nero in cielo.

Piccolo aquilone
senza filo
è gioia dei bambini
nel piccolo cortile
che immenso pare
di città.

Il gioco è fermo.

Gli occhi fissi
e muti son gli sguardi
fermi in cielo
verso il punto nero.

Poi d'improvviso
scivola lontana
e non si scorge più
la poiana.

Alcamo, 28.09.2002   ore 19,00

La tela bianca

La tela più bella
che ho in casa mia
è una tela bianca
incorniciata.

Ognun dipinge
ciò che più gli aggrada
senza curarsi
di stile e di colore.
Vi raffigura il mare

il cielo o l›oltretomba
misto a cavalli frigi sulla spiaggia
o tra onda e onda.

O rose verdi
nascenti tra le spine
e donne nude
in offerta al sole.
Uomini possenti
e indeboliti tanto.

Fulgidi i colori
chiari e iridescenti
di passione carichi
e di sensi pregni.

Ognun la guarda
ognuno vi dipinge
tutti estasiati stanno
e soddisfatti.

La tela bianca
d›arte è galleria:
unica tinta
paesaggio figura
o geometria
o tutto insieme misto
tu vedrai volendo.

CL 30.05.2000 ore 17,00

La verità

La verità assoluta
non esiste
ma ognun la propria
vuole imporla altrui.

Parole ascolta
ognun con scetticismo
e solo in parte
forse le comprende.

La verità è la morte
che tutto in noi cancella.

Menzogne vane
propinate
eternamente a tutti
durata breve hanno.

La verità non c'è:
la verità per tutti.

CL, 24.10.2001 ore 10,00

La voce del poeta

Canta il poeta,
alle stelle parla,
forse a se stesso,
inutile cicala.
Fuori dal mondo,
è nessun per tutti.

Una voce
solo una voce
di vuota cicala
che nell›aria vaga
tra voci fatue
di quotidiana esistenza.

Poi tace
e resta la voce
solo la voce
d›un nessun che fu
poeta.

CL, 19.06.2001 ore 23,00

Labirinto

Mille tortuose vie
percorriamo.

Al trivio è sosta.
Sceglieremo a caso
se a dritta andare
o a manca.

Diverso il futuro
se la scelta è altra
da quella che volemmo.

La vita è un labirinto:
il filo del ritorno
più non troveremo.

Alcamo, 29.09.2002   ore 15,35.

Lampi

C'è il cinema nel cielo
con lampi, tuoni
e mille sfarfallii
stasera.

Il cielo s'apre
tra la nuvolaglia
nella notte nera
splendente e chiaro
come a mezzogiorno.

La pioggia non arriva
tra tuoni tanti
e tanto desiderio
d'acqua rinfrescante
nella terra arsa
siciliana.

Solo il cinema resta
di lampi e tuoni in cielo
tra la nuvolaglia
nella notte nera.

Alcamo, 26.07.2002   ore 22,45

Le leggi

Sian poche leggi
in uno stato sano.

La corruzione nostra
norme infinite detta
per ogni circostanza.

Oggi hai ragione
ove altri han torto
a discrezion del giudice
che può manipolar
la norma a piacimento.

La società corrotta
molte leggi apporta:
al debole le applica
al forte le modella.

La sana civiltà
leggi scritte ignora.

Caltanissetta, 21.03.2000 ore 9,43

Luigi

Stamane dal giornale
ho appreso che Luigi
è stato trucidato
da una carabina,
forse amica.

L'hanno ammazzato
mentre lui fuggiva
su un gommone
carico d'eroina,
di cupidigia e vita.

Ragazzo generoso
per la madre
il figlio suo modello.

Ora non c'è più.
È andato con la droga.

Piange la madre
nell'illusione invitta
l'immatura morte
del figlio suo innocente.

Alcamo, c\da Molinello 31.03.2003 ore 17,30

Mafia ed antimafia

Mafia l'han chiamata.
Han dato nome
ed onorificenza
a squallida follia,
a pura delinquenza.

Eroi dell'età novella
i nuovi delinquenti.
Uomini vuoti
dietro immensi veli
usurpator di meriti
tentano issare
un monumento proprio
sull'ossa di coloro
che più non moriranno.

I nuovi eroi mafiosi,
generali illustri,
sembrano invincibili
ma nell'urna chiusi
con poteri immensi
negati a tanti altri
già fuori della mischia.

Mafia è la pazzia delle umane belve
che non hanno cuore e intelligenza.
La mafia nulla vede,
solo il danno altrui
e un po' di bene contingente
per se stessa.

Gente dappoco
sanguinaria e vile
pericolosa
perché da manicomio
e nel branco forti.

Uomini arditi
come i cacciatori
che dalle stanze sacre
dei neri tribunali
la guerra han fatto
dei bottoni
sterminando tutti:
innocenti e rei,
erba dannosa
e piante senza colpa,
in un sol rogo ardendo
in questa trista stagione
siciliana.

Mafia ed antimafia
molti morti han dato:
molti senza colpa.

Le madri han pianto
ignare di misfatti
mai provati.
Qualcuno s'è pentito
in mala fede,
altri han condannato,
qualcuno è morto
qualcuno all'ergastolo è andato.

Si contano i morti
e i vivi ormai distrutti:
tutti hanno perso
anche chi ha vinto.

Resta la gloria
e qualche monumento
per un tempo breve.

Ricomincia il ciclo:
cacciati e cacciatori
si daranno il cambio.

Caltanissetta, 22.2.2000 ore17,17

Magda

Magda,
donna perduta.
Brasil la tua terra
lontana
senza speranza di vita.

Obbrobrio sul viso
legge il passante
dinanzi alla fiamma
nella notte nera.

La piccola Alda
in casa è rimasta,
ad Ermelinda abbracciata
madre e sorella
di sei anni appena.

Là il tuo pensiero
quando sorridi
ad uno sconosciuto
mentre sublima
le belle tue fattezze
d'anche e di seni
e palpeggiando va
i tuoi meandri.

Tu fingi la passione
che non hai,
sorridi solarmente
e i nivei denti tuoi
brillan nella notte.

Unico faro
entro il tuo cervello

Alda ed Ermelinda:
piccole ignare
del nobile lavoro
nella notte
della madre mesta.

Caltanissetta, 17.02.2000 ore 10,15

Malinconia

Negli occhi miei castani
scorgerai perenne
la malinconia.
Rimpianto amaro
d'un passato
d'amori e gioie
ormai perduto
.

Qualcuno un giorno
forse evocherà
un poeta
un formidabile amante
che più non sarà
ambulante.

Parole
soltanto parole,
svanito afflato d'amore,
rivivranno in ricordo.

E il mio nome
concetto sarà,
etereo concetto,
per l'umanità.

Non più nel tuo grembo
non più nel tuo alito ardente.

Stella sarò
nella notte futura dei tempi
confusa nel firmamento
tra gli astri nascenti.

Caltanissetta, 11.02.2000 ore 14,45

Mani rosse

Mani rosse di sangue
d'odio macchiate
salutano amici lontani.

Odio nascente dal nulla
privo d'ogni ragione
pieno d'insana follia.

Scene di guerra lontana
che par non ci tocchi
ma com'acqua inquinata
sotterra
invade ogni falda .

Mani rosse di sangue
d'odio macchiate
di stolti mortali.

CL, 08.05.2001 ore 22,00

Marina

In un campo di grano
maturo
correva Marina.
Le spighe oltre i capelli.
Correva,
correva,
correva:
ansante come puledra.
Cadde ridendo.
Tese le mani
implorandomi aiuto
e avvinghiandosi forte
mi ebbe sul seno.

Passaron le ore
calde di giugno
nell'onda gialla di grano
maturo.
Ansanti giacemmo,
ansanti come puledri
nel caldo meriggio di giugno.

Poi venne l'oblio
fino alla sera.
La dolce
tenera sera
nel cieo di velluto.

Caltanissetta, 13.01.2000 ore 22,50

Meriggio nisseno

Capodarso lontano
infocato nel vespero sta
rude gigante
disteso
nell'arsa campagna.

Spossata, Cecilia,
tra il grande uliveto
all'ombra riposi
Ruggero chiamando,
Ruggero tua fonte,
che refrigerio ti dà.

Ricordi l'immensa frescura
di notti lontane
di palpiti ardenti
di stelle cadenti
di mari splendenti
nel sole del tardo meriggio
che spinge l'onda che va
a lambire la sabbia
a penetrare la roccia.

E l'afferri
t' aggrappi
ti sciogli
tra le braccia convulse di lui.

Poi t'addormenti,
Cecilia,
attendendo la sera,
la placida sera,
che quiete apporta
alle membra.

Caltanissetta, 18.10.1999 ore 19,00

Meriggio romano

Riflessi di sole
su vetri di case
strane ed uguali.

Rumori privi di senso
andar vorticoso di vita.
Solo il Tevere
squallido nastro melmoso
lentamente si scioglie
volgendosi al mare.

Fra tanto pullulare di vita
un'insolita pace
attanaglia il mio cuore.

Vorrei fuggire laggiù
tra le rosse cime dei monti
sul finire del giorno
con le rondini
che roteando nel cielo
mirano la città del caos.

Roma, 29.05.1971 ore 20,30

Michela

Nuvola sei
lieve
profumata e bella
in questa primavera.
Invito all'allegria,
all'amor perverso,
il cuore mi tormenti
e il sangue s'arrovella.

Ancor io ti vorrei.
Il labbro tuo di rosa
il petto tuo di giglio
e gli occhi tuoi,
stelle al firmamento,
ancora dammi,
amore.

Ancora io t' avrò,
piacevole ginestra,
aspra e succulenta.

Stanotte sul mio grembo
il seno tuo
m'avviluppava tutto
e il labbro tuo
le membra mie
tutte carezzava.

Nel sonno io avvampai.
Tu con me ardesti
in piena notte
di questo maggio
d'amorosi effluvi
gonfio.
Aggrovigliati a te
i sensi e le mie membra:
e nel ricordo avvampo.

Amami, Michela,
una volta ancora
e t'amerò

come nessuno al mondo
ho amato in vita mia.

Una volta ancora
ti possederò
e nell'attesa
il pensier mio si strugge
nel sogno indefinito.

Caltanissetta, 27.05.1999 ore 15,00

Milite

Raccontami la storia
quella vecchia storia
del milite caduto
andato a prender l'acqua
al fiume
nella guerra.

Tutto era calmo
e già a noi tornava.
Un colpo di cecchino
nel mezzo della strada
il milite compagno
incosciente ardito
passò da parte a parte.

Al cielo volse
l'ultimo saluto
e della brocca l'acqua
furono le lacrime
sparse sul suo viso
di molte madri ignare
in perenne attesa.

Era ventenne.
Ventenne in me è rimasto,
ardito nella morte
ed incosciente.

Era la guerra,
la legge del più forte
sotto parvenze
d'umana carità.

Alcamo, 16.04.2003 ore 17,15

Mimosa

Ridente mimosa,
il gelo t'ha stroncata.
Rigogliosa e bella
in tutto il tuo giallore
fosti
ed or sei prona in terra.

Ma tornerà per te
l'altra stagione,
giovine ancor sarai
e gialla e viva.

Per me la bella passa
stagion di primavera.
Tutto m'agghiaccia
e tutto mi tormenta.
Non gridi all'alba
di garruli cardelli,
non voci dolci
di parole amiche:
tutto m'è tormento,
tutto m'è tenèbra.

Roma, 1971

Mio figlio

Ho pianto per mio figlio.
Un disgraziato affanno
paventato
m'ha scosso alle radici.

Come foglia è tenero
che sul ramo nasce
in primavera.

Uomo maturo ho pianto
come bambin non piange
per cosa ormai perduta.

Senza vergogna
ma di gioia pregno
nell'accorato pianto
fui.

Alcamo, 19.01.1979

Mio Padre

Forte agli occhi miei
fu e dolce
nella vita mia
tenerella.
Passaron gli anni
e tra figlio e padre
conflitti e incomprensioni.

Anche tu passasti
e solo allor compresi,
padre severo
ironico sorriso
occhio di lince
furbo contadino.

La presenza mia
non avvertisti,
vecchio smemorato,
benchè al telefono
col figlio tuo parlassi,
tempi rammentando
per me remoti
e già dimenticati.

Il corpo tuo decrepito
nell'avello giace.

Passeranno gli anni
e passeremo noi.

Ci ritroveremo
Dio sa dove e quando
padri e fratelli
di sorelle e madri
senza distinzione
fratelli tutti ignoti

Unica fiamma
di tante fiamme
ardenti e sconosciute.

Cl, 11.04.2000 ore 14,25

Mirko

Buongiorno!- hai detto,
all'alba.
Benvenuto!-
qualcuno t'ha risposto-
e per la vita!
Quest'alba felice
ti arrida
e un radioso sole
i passi tuoi accompagni
fino alla sera.
Che a venire tardi
e ben accetta.

Alba e tramonto:
un giorno:
momenti della vita.
Vivere è bello
anche sul fare della sera.

Per ora corri all'alba,
ignora la sera,
la serena sera…

Alcamo 21.06.1990 ore 22,00

Mistificatori

Sacerdoti degli antichi dei
d'Egitto
d'Assiria e Babilonia
d'Etruria e Cina
di Budda e di Confucio
Ebrei e Mussulmani
gente cristiana
falsa e bugiarda
alla ricerca
d'un mondo temporale.

Unico Dio han l'oro
i ministri
d'ogni religione,
i cui princi
tutti han travisato
e della bontà i dettami,
seguaci indegni
e dei sacri templi
abitatori immondi.

Nulla vi è dovuto
se non disprezzo infamia
e vilipendio.

Santi vi vorrei
e senza pecca
come color che pochi
in solo spirto stanno.

Caltanissetta, 15.03.2000 ore 9,53

Mondo giusto

Ho scoperto
tra i miei fratelli
la carità di Dio.
Ma tanto interessata
e farisaica
che schifo farebbe
perfino ai Farisei.

Amor per il fratello
la bocca loro
vomita abbondante.

Vogliono un mondo
giusto e senza pecca,
però adattato
all'esigenza propria.

Facciano gli altri
ciò che è da fare.
Loro già fanno
quanto esigenza detta.

È questo il mondo giusto

Caltanissetta, 26.05.1999 ore 7,45

Monologo

Ignora Giulio
l'opinione altrui.

Parla
riparla
dice e non ascolta.
Il parlare suo
è sempre soliloquio.

Non recepisce
il pensiero altrui
e già sul labbro

ha nuovo un suo discorso
vuoto e presuntuoso.

È un uomo solo
e solitario resta,
il padreterno è lui
e disprezza ognun
che avanti gli si trovi.

Teme il confronto.
Gli altri nulla sono
e nulla aggiungeranno
al saper di lui.

Mondo piccino è l'uomo
chiuso in guscio d'uovo:
piccolo capretto
in piccolo recinto.

Piccolo mondo
piccolo cervello
ognun racchiuso
in un guscio d'uovo.

*Alcamo, c\da Molinello,13.08.2004
ore 12,00.*

Montanaro

A passi lenti
arranca il montanaro
su per l'erta a sera.
A casa torna
il vecchio montanaro,
torna al focolare
che attorno i cari accolse
in unico sorriso,
senza illusioni,
senza rimpianti
per chimeriche
felicità perdute.

Andati sono i figli.
Torneranno
ma per ripartire
verso il sole ardente,
per le strade afose
delle città già morte,
che non hanno aria
pura e sana
come nei boschi
verdi di montagna,
silente e viva.

Al caldo del camino
il vecchio sta
in paziente attesa,
gli occhi fissi
all'ardente brace,
e con la mente vaga
e tace.

Alcamo, c\da Molinello 14.01.2003
ore 17,35

Morti

Quanti morti intorno a me!
Passano in folla o sparsi.

Hanno sul viso
la gioia ed il dolore
dell'umanità vivente.

CL, 29.05.2001   ore 0,30

Nebbia a primavera

Nessuno
può fare che ciò che fu
stato non sia:
neppure Iddio immenso,
l'onnipotente.

L'amor
che in odio si trasforma
sempre amore resta
negativo,
di abito diverso
ricopre nude membra.

Il tempo scorre
e nulla mai l'arresta,
fiume perenne
nell'eternità.

Piccola goccia l'uomo
dell'immenso fiume,
rotola e si scioglie
e al ciel s'innalza,
nebbia a primavera,
ignoto all'umanità.

Caltanissetta, 13.05.1999 ore 02,30

Noia

Allegre brigate:
ricordi lontani.

Forti emozioni
o nere giornate
per reagire con vita
non ho.

Noia
noia totale
m'opprime e m'inchioda
sotto il cielo solare.

V'è nebbia nel cuore
tra folla varia di gente
per idioma e colore
per usi e costumi
felice o scontrosa
secondo gli umori.

Noia il suo nome
dello spirito morte.

CL, 11.10.2000 ore 21,30

Nostalgia

Pur la nostalgia è morta
forse
in chi è lontano
dalle vecchie case
dell'infanzia.

Non ricorda più
o forse ha ripudiato
i sogni suoi più belli:
pur la speranza è morta.

Sua patria il mondo intero
e nulla gli appartiene
dei luoghi attraversati.

Uomo senza terra
speranza e patria,
senza amici e madre.

Fatua fiammella
si spegnerà in silenzio
nell'etere dispersa.

Cl, 29.11.2001   ore 21,30

Notte d'agosto

Nella notte silente
odo canti di gioia
lontani.

Monotona una sirena
ripete

il doloroso lamento
e il clamore dei grilli
s'alza alle stelle
nella notte agostana.

Zora
cagna fedele
veglia guardinga
il notturno riposo
della padrona.

Alcamo, 6.8.2000 ore 2,20

Notte Nissena

Miro di Nissa
la cattedrale
nella notte lunare.

Intorno il silenzio
e voci lontane
di sperduti fantasmi.

Puniche e greche
arabe e franche
normanne e spagnole
e longobarde
mille voci confuse
nella notte silente
volteggiano in cielo
sui bianchi tetti
fra i campanili
della nissena
cattedrale.

Caltanissetta, 30.06.1999 ore 23,15

Notturno

Come lanterne
nella notte nera
si spengono le luci
ad una ad una.

Progetti incompiuti
speranze senza vita
sono caduti
in mare col sole.

L'anima riposa
lo spirito ha pace
o cova ira smaniosa
e medita vendetta.

Resta in ciel la luna
sugli uomini a vegliare
sulle luci spente
della notte nera.

Solitaria luna
perenne ha il navigare
mira le pene e tace
di chi va a dormire
senza pace,
candida luna
che illumina la notte
da brividi percorsa
immensi come il mare.

Alcamo, 24.07.2002 ore 0,30

Nuvola

Nuvola vissi
sull'ali del vento
e sull'arso terreno ricaddi
pioggia nella bufera.

Il riposo
il sereno riposo
tra turbini tanti
cerco e non trovo.

Alfine ristagno
nell'immensa pianura
nebbia immobile e densa
sull'invisibile lago,
tra le umide sponde
d'acqua che immobile sta.

Alcamo, c\da Molinello 3.7.2003
ore 13,30

Oltre la frontiera

Sono di là
i nostri morti,
oltre la frontiera.
Non torneranno indietro.
Han fatto il grande passo.

Attendono tutti
della trincea
al naturale salto
nell'eternità.

Esercito saremo,
fanti e cavalieri
raccolti nei millenni
in cerca della quiete
dopo la grande guerra
insulsa della vita.

CL, 27.09.2001 ore 0,20

Ombre

Ombre infinite
nella notte nera
e in folla immensa
davanti agli occhi miei
chiusi nel sonno
in movimento stanno.

E morti rivedo
vivi amati e odiati
o sconosciuti
oppur dimenticati.

D'uomini larve
e fatui ricordi
di corpi belli
vanno innanzi a me
e senza meta.

I nostri morti
gli amici ormai perduti
e quelli che ci odiarono
per nulla.

E vanno
in folla immensa
ombre infinite
nella notte nera.

Alcamo, 01.05.2001

Ombre sulla sabbia

Le nostre ombre s'allungano
sulla sabbia infocata del vespero
e tu mi guardi
contro il sole morente.

Ad uno ad uno
gli ombrelloni abbassano l'ala

e sull'immensa spiaggia
solo le ombre taciturne
restano
dei fantasmi
sorgenti dal mare con la nebbia.

Tutto tace,
la natura s'addormenta.

Alcamo, 27.06.1973 ore 20,00

Onestà

Si ritiene onesto
chi ruba con destrezza.

Se altri a lui contesta
le ruberie che fa
offeso si risente
e dialogar non sa.

Dice a tutti il ladro:
ladri siete voi!-

L'onesto al disonesto
non dice mai: io sono
l'onesto che tu vuoi.
Io sono sol l'onesto
che veder tu puoi.

L'interesse nostro
distrugge l'onestà.

*Alcamo, c\da Molinello 11.07.05 ore
24,00.*

Orgoglio

La tua vitalità
mi ha spiazzato.

Quanto non promesso
tu m'hai dato
e di felicità
il cuore inonda.
Ogni desiderio
si è avverato.
La vecchia linfa
nei rami tuoi rivive
e sale al cielo
coi fiori a primavera.

Costanza e volontà
la tua potenza.

CL, 22\2\2001 ore 17,45

Padri e figli

Padri e figli
mai s'incontreranno.

Idee mature
forse sorpassate
hanno i vecchi padri.

Acerbo tutto
anche l'espressione
sbattono i figli
a tutto il mondo in faccia
convinti sempre
d'essere nel giusto.

I padri sanno
che giustizia è parola vana:
è legge del più forte.
I figli credono
i padri ingannatori,

ma la parola è amore
e il tacere
prudenza incarnata.

Comprenderanno i figli
quando saranno padri
e saggi riterranno
color che furono
i vecchi del passato.

Dell›umanità
la ruota gira eterna:
non v'è comprensione
tra i primi e gli ultimi
della lunga fila
che in marcia lenta va
all›infinito.

CL, 24.07.2000 ore 21,45

Palazzo ducale

Oh quanti passi
a consumar le scale
nel palazzo antico
di Genova ducale
a supplicar la grazia
d'un pane duro
nero ed indigesto.

Sotto i portici
e fin su le terrazze
oh quante donne
splendide nel volto
vider la vergogna
loro diventare
normal costume
invidiato assai
da chi quel pane
poi non ebbe mai.

Bianchi i marmi
possenti le colonne
ma tra le balaustre
solo infamia resta.
Passato è il tempo
e nuvola diventa
ogni ricordo
di sorrisi e applausi.

Potenza, amor, vendetta,
invidia e gloria immensa
sulla torre antica
vuoti concetti
dinanzi a me si stanno.

Tutto si evolve
e tutto il tempo annienta.
L'antica gloria
concetto vuoto resta
attribuito al nome
d'un labile fantasma.

Genova, 14.05.2002 ore 21,25

Pasqua in trincea

Pasqua in trincea:
un ricordo lontano la gioia
forse mai nata.

L'odio invade la terra,
il fratello combatte il fratello
senza un perché
seguendo gli eroi
avventurieri e patrioti
che tana non hanno,
che fomentano guerra,
un'inutile guerra.

La Pasqua è scoppiata nei cuori
come bomba che allarga i confini
al di là di ogni trincea.

Il cannone rimbomba lontano.

Il ricordo d'una vecchia campana
a rintocchi celeri e forti
ha invaso la testa
dell'uomo colpito in trincea
che giace senza soccorso
tra tanti
che più non han vita.
Ha finito la guerra.

Tace la vecchia campana.
Tace anche il cannone.
È Pasqua,
il soldato riposa per sempre
senza gioia e dolore.

CL, 11.04.2001 ore 0,30

Passato Remoto

Intorno a me
tanti visi giovani
di tanto tempo fa.
Non sono mai cresciuti
e se vecchi sono
non si sa.

Grande è il desiderio
di riveder coloro
che furono compagni
di giovinezza nostri,
che dinanzi a noi
come specchio stanno
e gli anni ormai trascorsi
tra le rughe loro
soffrire ci faranno.

Bello ricordare
coloro che compagni
tanti anni fa
furono bimbi,

ragazzi o giovinetti
correvano sui prati
gai e spensierati.

L'immagine mutata
delusione arreca:
uomini stanchi
sicuro noi vedremmo
ove lasciammo
gioia e prato verde.

Speranze inappagate
cicatrici molte
e tante umiliazioni.

Forse è per questo
che gli amici
restano cari a noi
se restano lontani.

Alcamo, 04.06.2000 ore 8,00

Pazzia

Son pazzo,
pazzo d'amore.
Ma non amo nessuno.
Neppure me stesso.

La vita è uno schifo
che vivere è bello,
dicono alcuni.

Siam tutti balordi
siam tutti cretini
siamo figli di madre puttana.

Poesia è ogni cosa
che noi non capiamo
ma poesia è la vita
che sempre c'inganna.

Schifo noi siamo
col nostro morboso volere.
E vogliamo
vogliamo
vogliamo
soltanto la morte.
Ché lotta la vita
ché pace la morte.

L'amore è inganno
dell'uomo per l'uomo.

Esiste soltanto
la nostra perfidia
la nera perfidia.

Alcamo, 13.11.1972

Pianto

Pianto senza lacrime
dolor senza clamore
tortura silenziosa
d'un cuor di madre
privata del suo figlio
sulla bara muta
ho visto
nella casa vuota
ieri sera
qui accanto.

Alcamo, 21.03.2003 ore 23,00

Picasso

Picasso
a me non piace.
Eppur gli intenditori
l'hanno sublimato.

Lo schizofrenico
fuoco e lapilli erutta
come vulcano attivo.

Spettacolare nella notte nera
la lava ardente scende
nella siderea valle,
squarcio d'un nirvana
sospeso al firmamento.

Spontanea produzione
di pazzia,
di turbe inconsce,
vulcaniche esplosioni
d'una mente insana,
tipica espressione
d'ogni Musa bella.

Arte è follia
parossismo e malattia:
occhi nei piedi
e lingue sotto il mento,
la testa tra le gambe
in moto e in contorsione.

Ritorno ai primordi:
mi si dice.
Spontaneità istintiva
di parole,
musica farcita
di note frantumate
e in groviglio miste.

Braccia dalle natiche
sorgenti
e gambe dalle orecchie
di testa che cammina
senza piedi.

Senza costrutto i suoni
di parole
cadute sulla strada
travolte dalle auto

passanti.
Arte
dicono che sia
questa accozzaglia
di prodotti misti,
della natura sgorbi
innaturali.

Caltanissetta, 02.03.2000 ore 10,30

Piccolo bar

Porto di mare il bar.

Vengono e vanno barche
cariche di gioie ognuna
e di dolori,
con di mistero pregni avventori.

Scoglio
nel deserto infinito
delle azzurre acque
nella quiete
o nella tempesta nere.

I fannulloni stanno,
attendono il domani
guardando ognun che arriva
si ferma e poi riparte
per viaggi impervi e lontani,
di pesca in cerca,
pane, vita, affari.

Piccolo faro il bar.

In silenzio attende
che ogni barca arrivi
con gioie e con speranze
riprenda il viaggio
e torni.

Porto di mare il bar,
piccolo faro,
attende.

Alcamo, c\da Molinello, 26.10.2002
ore 8,00

Più non tornai

Più non tornai
a casa di mio padre.

Il mondo intero
spalancò le porte
e senza una meta
io m'incamminai.

Vagabondo e stanco
talvolta riposai.

Andai.

E ancora non mi fermo
fino al giorno in cui
coperto dalla neve
mi troveranno
a un angolo di strada.

Tutti i figli vanno:
ognuno la sua strada.
Lasciano i padri i figli
e più non torneranno

CL, 17.10.2001 ore 22,00

Possesso

Nulla ci appartiene.

La proprietà è dei figli
che nulla mai avranno.
L'uso delle cose ci è concesso

per tempo breve
ma non la proprietà.

Veniamo al mondo nudi
e nudi ce ne andremo
pur se tra gli orpelli
o in abiti consunti.

Le nostre idee han vita
passano ad altri
nei quali cresceranno
o aride e secche moriranno.

Anche l'idea
a noi non appartiene:
solo il possesso
per breve tempo è dato.

CL, 18.04.2001 ore 10,15

Preghiera

Sul mio sonno veglia
o Dio di pace.

Veglia quando dormo
e veglia se io veglio
ad occhi chiusi
e sul cervello mio
se resta immoto.

Sul mio domani
sereno e senza affanni
o pien di turbamenti,
sul mio cammino,
o Dio immenso
onnipotente, eterno.

Accogli la mia prece,
o Dio di pace;
veglia sul mio sonno
o se veglio.

Alcamo, 24.06.2002 ore 2,00

Presepe

Pure quest'anno
è giunto il Bambinello.

Tra gli angeli
la grotta
il bue e l'asinello
risplende il cielo azzurro
di palpitanti stelle.

La cometa porta
"Pace" nella scia
e di straziati corpi
sanguinanti e a pezzi
nulla riferisce
o di bimbi martoriati.

Nulla riferisce
degli innocenti morti
per la follia dei pazzi.

Tacciono i cannoni
attorno al mio presepe;
il rombo degli aerei,
lo scoppio delle bombe
tu non odi.

Lontana è la guerra
per non turbar la pace
attorno a questi luoghi
dimora dei miei figli.
Si tace ai nostri figli
d'Erode e d'innocenti.

Il ruscello chiacchierino
va al lago artificiale
tra mille paesini
sui monti e in riva al mare
con tante luci bianche
e tante colorate,
con il mugnaio
le pecore e il pastore.

Questo il presepe
dei teneri miei figli.

I figli indiani
cinesi o afgani
non ha importanza
se sono malridotti
come Cristo in croce.

Anche per loro giungerà la pace,
ma quella eterna,
la pace per i buoni.

CL, 19.12.2001   ore 0,30

Primo compleanno di Vanessa

Un anno
e sei sbocciata
dal calice corolla,
fiore mio.
Ho visto i sogni miei
rivivere con te
ed ogni cosa morta
ha preso vita
ed albero gigante mi diventa.

Passeranno gli anni
e giovane sarò,
in te rispecchierò gli anni miei
e gioe e timori
rivivrò in eterno.

I miei problemi
furono ieri
domani passeranno,
ma presente sempre
e bella come un fiore
mi resti tu
forza motrice
di tutti i giorni miei.

Possa seguirti
e renderti felice
per cent'anni ancora
e degno sia io
d'essere tuo padre.

Alcamo, 26.06.1975

Randagio

Nella città immensa
nel meriggio ferragostano
io andavo
cane randagio
solitario e muto.

Alito di vento
non vagava.

Pure gli uccelli
posavan quieti all'afa
tra le fronde rosse
la testa sotto l'ala.
Squittivano
senza turbare
il solido torpore
delle grandi strade
abbandonate.

Nessun vagava.

Nella città vuota
cane randagio
godevo ferragosto.

CL, 05.04.2000 ore 24,00

Razzismo

Orde straniere antiche
vennero a ondate
sulle terre nostre.

Ondate nostre immense
d'uomini scalzi e nudi
su terre lontane
non richieste andarono
odiate.

Il vuoto si riempie
d'altri scalzi e nudi.

La pelle nera o gialla
od olivastra
non ha influenza
né disparità
con l'uomo bianco.
Come la luna bianco.
Risorse del passato
abbiam distrutto
di popoli civili
e di sapienza ricchi.

L'uomo dall'uomo
è stato schiavizzato.

Radice questa
per guerre e ritorsioni
tra i figli nostri
divenuti inermi.

Utopia l'amore
universale.

Se fossimo capaci
con la fantasia
in altri involucri
d'immedesimarci
non avremmo
un cuore e un intelletto
così piccini.

CL 29.05.2000 ore 18,38.

Reazioni

Se fosti oppresso
non è vigliaccheria
la tua
se risorto
contro il tuo nemico
scagli la lancia
e lo ferisci.

Perdoni se sei buono,
ti vendichi se giusto:
qualità dell'uomo
la bontà se santo
o religioso
dall'animo profondo.

Amare chi ci opprime
non è umano.

Solo Cristo in Croce
con l'acqua del costato
le lordure tutte
della cattiveria
feroce e inaudita
dell'uomo insano
che mangia il suo fratello
e in odio poi trasforma
ogni rapporto
ha lavato.

Odiar chi t'odia
non è contraddizione.
Amar chi t'odia
è logica divina.

Cl, 31.01.2002.

Religione

Illusione eterna
antica e sempre nuova
per consolare l'animo
di ogni disgraziato,
con la promessa
d'un mondo mai avuto,
d'una ricompensa
per ciò di cui fu privo.

Per goder piaceri
c'è il ticket di turno;
chi è stato già servito
guadagna un posto in coda
e attende l'aldilà
serenamente.

Un Dio senza pietà,
si afferma,
che nulla ha d'umano,
ci manderà all'inferno
se sbagliamo:
poveri o ricchi
felici o sventurati.

Ma senza il freno
d'una religione
e senza illusione
d'un'ulteriore vita
avremmo morte
anche nel presente.

Cl, 28.11.2001   ore 23,45

Ricordi

S'accende come lampo
il ricordo
d'un pargolo che corre
e cade.
Cade tra i fiori
che carezzano
e inebriano d'odori.

La vita è un arco
che al tramonto volge
e torna al suo germoglio.

I ricordi antichi
ritornano presenti
e quelli più vicini
sembrano assenti.

Alcamo, 2003

Rifiuto

Ho sempre rifiutato
la terra in cui io nacqui.

Il mio rifiuto
fu per la fatica
che quella richiedeva
di braccia e senza pane,
non per le radici
che sempre ferme stanno
di quella terra mia
piantata in cuore.

Amore e vita
sorsero con l'alba
speranze e canto
caddero al tramonto
ma la terra mia
ferma è in mezzo al cuore.

Alla mia terra
io sarei tornato
se sull'isola deserta
non m'avesse
la vita abbandonato.

Cl, 14.06.2000 ore 23,03

Riposo eterno

Gianni riposa
nell'eterna quiete
dopo novant'anni
di piccoli scontri
con la vita.

Sereno il volto
lascia il tempo dietro
e nell'eternità s'invola.

Lamenti più non ode
né risate false.
Gli occhi più non apre
su terreni orrori.

Il vecchio corpo
giace
e invisibile fiammella
su di noi volteggia
spirito eterno
e al ciel s'innalza
a rischiarar la via
a chi qui resta.

Alcamo, 05.11.2001 ore 04,15

Rosa

Rosa di roccia
arsa dal sole il giorno,
dopo la notte
fresca di rugiada
sotto il castello
dentro la pietra
solitaria e mesta
tra i taciti abitanti di borgata
al vento stai
e miri questa valle sconfinata.

Sperlinga,12.03.1998.

Ruggero

Cieco interdetto e scemo.
Nulla intende
e nulla può volere.
Eppur si sposa.

Gli hanno trovato
una ragazza bella
prosperosa
per i gusti suoi
ma stupida pur lei
e senza testa.

Due cucurbitacee:
la zucca ed un cetriolo:
ambo vincente al lotto.

Ma sciocchi più di tutti
i lor parenti:
li sposeranno
due mesi appena
dopo il primo incontro.

Staranno bene.
Chi tace s'accontenta.
Ed essi han taciuto.
Saran felici
qualcuno ha stabilito.
Saran felici
tutti son convinti.

Caltanissetta, 18.02.2000 ore 16,02

Scende la sera

Scende la sera:
tornano a casa tutti i miei pensieri
la malinconia.
Il giorno gaio già andato è via.
Ed unica e tutta
rinasce in me la speme
quando ritorno sugli antichi passi,
e boschi rivedo

e cinguettar d'uccelli.

Vita alla vita
eravam noi due
e poveri non siam
nel nostro amore.
Io t'amo e nulla mi tormenta
quanto l'amarti e non averti meco.

Ma uscirem dal fiume dei sospiri
sfoceremo al mare senza guai,
dove ogni dolore
è un chicco di rugiada.

Cutrofiano, 30.10.1969

Sensi

Con occhi nuovi
la notte ho scrutato
e all'alba
ho scoperto il sole,
con nuove orecchie
auscultai il silenzio
e l'armonia fu mia,
con nuove mani
ho carezzato labbra
ed un sorriso è nato,
con nuovo gusto
assaporai la vita
ed ebbi la speranza.

L'universo ho annusato
e della terra il palpito
dei mari e dei vulcani
il sangue ha penetrato,
che nelle arterie scorre
in rivoli sottili ed infiniti,
alla scoperta
di profumi nuovi,
di fiori e di creato.

Alcamo, c\da Molinello,
15.01.2003 ore 18,40.

Sera

Nella penombra
sul fare della sera
seduto al muro basso
di campagna
il cielo guardo arancio
all'orizzonte
là ove il monte
interseca altro monte.

Piccole luci al buio
s'accendono in presepe
e ammiro muto
intorno a me il silenzio.

Cresce la luna e guarda di lassù
tra nuvole vaganti,
drappi bianchi al vento.

S'ode lontano
brioso un mandolino
insieme con la voce
d'un violino.

Seduto al muro basso
le spalle ad un pilastro
ho chiuso gli occhi
e dormo.

Alcamo c\da Molinello,
12.11.2002 ore 18'00

Sergio

Pacata la figura
sobrio il portamento
nei suoi atti.
Nulla lo rallegra
nulla lo tormenta
in apparenza.

La tempesta ha in cuore
come vulcan marino
di profondi abissi
che all'occhio non appare
in superficie.

Quiete l'attende
serenità immensa
dopo il travaglio
solitario e lungo
della giovinezza,
ricordo antico
che non si rinnovella.

CL, 25.01.2001 ore 22.22

Settembre

Settembre mostoso è arrivato
e attendo una vita novella.
Ogni speme ritorna
e vivo di gioia.
Ignorano tutti
il mio cuore
di quanti effluvi ridonda.

Godo in me stesso
ed ho pace
come dopo ogni tempesta
la quiete dei flutti.

Il mondo più non esiste:
io sono nel nulla
e vago tra mille pensieri
e vago tra mille chimere
che hanno un corpo e una vita.

Ho solo un dolce sorriso
negli occhi e nel cuore.

Dorina,
mia dolce Dorina,

la tua giovinezza
dà forza e dà vita.
Io ero in un sogno,
un lugubre sogno,
e mi hai risvegliato
con una carezza.
Restami sempre vicina,
la man nella mano,
dammi coraggio
e andremo felici lontano.

Alcamo, 5.09.1973 ore 13,30

Solitudine

Enorme conchiglia
m'appare la vallata
di greggi solitarie
punteggiata.

Pastore senza gregge
e solitario,
costretto tra la gente
che non m'appartiene,
indifferente, sono.

L'esistenza mia è questa;
è questo il mio destino,
non voluto.

Da tenue morbo affetto
di misantropia
attendo che mi cerchino
coloro che ho respinto.

In questa conchiglia immensa
vorrei la sepoltura
e sopra di me il cielo
vigile e sereno.

Ma la sera rosea
accompagnerà i miei sonni

quieti o turbolenti
nella notte bruna
per riconsegnarmi all›alba
a vecchi e nuovi affanni,
il cui nome è vita.

Nicosia, 28.08.1997 ore 19,42

Sorella

Sorella,
il tuo respiro
ha l'aroma del giglio.
Sei la foglia più verde.
E così dolce
così tenera
così bella
tu facevi
delle mie giornate
una perpetua aurora.
Sei armoniosa
come il canto dei liuti sacri
nel ricordo che resta.

Cutrofiano, 1966

Sorriso

Un sorriso
sul tuo viso
splende eterno
pure se ti si stringe
il cuore per la vita
impietosa e dura
che conduci.

Triste compagna
la mesta solitudine
che il sole spegne
e occulta a te le stelle
verrà il mattino

e con la rugiada
la noia andrà via.

Splendenti gli occhi tuoi
saranno al mondo intero.

Gioia porterai
in tanti cuori
ma tu non lo saprai.
Riceverai amore
e non t'accorgerai:
così i giorni tuoi
trascorreranno eterni
pari ai giorni altrui
che felici agli occhi tuoi
sembrano perenni.

Cl, 03.10.2001 ore 22,30

Speranza

Il nostro desiderio
è che i figli nostri
abbiano il ricordo
dei meriti e demeriti
che ci accompagneranno
nel viaggio esistenziale.

Ma non valuteranno
come noi vorremmo.

Ciò che a noi non piace
positivo avranno
e quel che ogni fibra
dell›anima ha cercato
non sarà apprezzato.

CL, 28.05.2001   ore 23,30

Stronzo

Come uno stronzo
solo e defecato
buono sarò
per la crescita di altri.

Senza speranza
questa vita mia
futura e abbandonata
all'alito d'un vento
vespertino.

Ma se il cuore
è grande come il mare
certamente ha vita
ed amore tanto
e gli stronzi tutti
dell›umanità
in perfetti fiori
pregni di odori
e di rugiada
indubbiamente trasformerà.

CL, 21.08.2000   ore 22,48

Sulla battigia

Son tanti i miei pensieri
ed io senza parole.
Solo.
Su questa spiaggia
infocata stamane
e tiepida ancora stasera
mi fingo
d'aspettare qualcuno.

Tutto passa il creato
senza curarsi
di questa mia esistenza.

Due amanti vanno
lentamente
sulla battigia del mare.

S'abbracciano e vivono
incuranti del mondo.

Anch'io mi fingo
d'aspettare qualcuno.

A gioire con me
qualcuno verrà
con la musica antica del mare
compagna in questo tramonto
sulla battigia
in piena estate.

Castellammare del Golfo, 19.06.1972
ore 19,00

Sulla nave

Giù
dentro l'acqua nera
sopra i marini abissi
dietro la nave
di schiuma un'autostrada
bianca si formava.

Fischiava il vento
nella notte nera
senza ombre o luci
di lontani fari
su terre e monti
oltre il buio immoto
e l'acqua nera.

Tutta la notte al vento
io trascorsi
in luogo solitario
della poppa.

Soffusa l'alba
e un disco immenso
luminoso e rosso
sorse dall'acque
brumose e lontane.

Stretta via di sangue
lunga ed infinita
poi più larga e chiara
l'acqua infocata
tutta attorno apparve,
mentre di schiuma
l'autostrada
perenne si formava
e si sciogliea lontana.

CL 11.05.2000 ore 23.00

Sulla roccia

Sull'umida roccia
il mio cervello
è rimasto spappolato
caduto dalle mani di Dio.

Lo hanno beccato i corvi
e il sole l'ha seccato.

Tu avresti raccolto
la rimanente polvere,
tra gli spiriti
certo il più gentile,
nell'urna sacra e vergine.

Sei perita
tra i flutti della vita
e questa roccia
sarà per sempre maledetta:
ogni viandante
si segnerà passando
con terrore.

Alcamo, 28.12.1972 ore 0,30

Tamburino

Dinanzi alla fila doppia
di candele ardenti in processione
nel mezzo del viale lungo
della festa di paese
sotto gli archi multicolori
della luminaria
instancabile il tamburino
batteva sul tamburo
appeso al collo
il ritmo frenetico,
vario e pur monotono,
robot automatico
con le stecche in mano
diventato.

L'attimo di gloria
gli ho invidiato
che la folla
ai margini di strada
tributava
con foto, telecamere
e tripudianti applausi,
unico e solo attore
in mezzo a tanta gente,
ultima figura del paese
per un anno intero,
uomo dappoco e senza fumi,
tamburino unico e solo,
sudor grondante
dalle membra tutte,
che di sé riempiva
di mezz'agosto la serata
in ritmo incarnato
trasformata.

Alcamo, c\da Molinello
23.08.2003 ore 11,15

Tarquinio

Com' albero cadendo
ad albero s'appiglia
in sulla cima
segato alla radice
in mezzo alla boscaglia
e vivo pare e vegeto,
respira, pur se è morto,
così colpito
nel mezzo della piazza
in mezzo alla mia gente
fu l'amico mio
Tarquinio.

Un colpo solo
al cuore.

Ridendo cadde
per una barzelletta,
al fianco d'un vicino
appeso al braccio suo
e gli occhi fissi.
A lui aveva gli occhi
chiedendogli il perché
di tanta cattiveria.

Senza parole
e carità materna
l'amico l'abbracciò.
A terra lo posò
piano
per non fargli male.

A terra fu trovato,
nel mezzo della piazza,
senza amici e senza testimoni,
l'amico mio Tarquinio,
ridente ancora al cielo
stroncato dalla morte
in piena giovinezza.

Alcamo c\da Molinello,
31.01.2003 ore 18,00.

Tata Cici

Mio padre è là
sulla sedia fisso
inutile a se stesso.

Lo rivedo forte,
giovine e gagliardo
contro le intemperie della vita
e io lo guardo e apprendo
piccolo baccello.

Vivo ha lo sguardo
morta la memoria.
Piccolo è lui
ed io son possente:
ma amore tanto
e gran dolore provo.

Mio padre è quello
vecchio tronco
d'albero d'ulivo,
scarno e senza foglie,
ma ancor da quello
noi figli vita abbiamo.
Spirito ardente
col sangue ci ha trasmesso
e molti errori suoi.

Ricordo immane avremo.

Alcamo, 09.04.1998

Tina

Tina
indecisa e bella
le tempie tra le mani
chiusi gli occhi
sta.

Mille pensieri
e ricordi lontani
rivivono dal nulla
dentro il cuore.

Forse rimpianti
lacrime represse
e desideri tanti
di vita intensa
d'amori sconosciuti.

Intimo un sospiro
dal seno gonfio
esplode
e l'infinito impregna
di speranza.

Tina
indecisa e bella
chiusi gli occhi
le tempie tra le mani
più non ha.

Caltanissetta, 27.06.2000 ore 20,41

Tramonto

Fugheranno le tenebre
il roseo tramonto del sole
e notte e monti
nel buio s'uniranno.

Grido al mio cuor di tacere
ma dentro qualcosa mi bolle
e scoppierà.

Ogni speranza sarà soffocata
da questa ruota maledetta
che ha nome vita.

Amo la vita e l'odio
e tutto intorno a me;

non riesco ad essere apatico
e mi struggo.

Alcamo, 24.05.1972 ore 20,00

Tramonto a Sperlinga

Sdraiati i monti
nell'ombra della sera
dinanzi a me
si stanno.

Nella conchiglia
posa Nicosia
di fronte al sol che cade
oltre l'alta Gangi.

Gialle ginestre
e dorate distese di grano
sotto il castello
creato nella roccia
di Sperlinga
incupendo si vanno.

Riceve l'ovile gli armenti
con l'accorato belare
salutando la sera.

Lo spirito mio scoppierà
pregno di bile e d'odio.

Nicosia
da lontano mi guarda
e occhiolino mi fa
con innumerevoli luci.

Sperlinga, 10.06.1997 ore 20,35

Trattoria

Giù, verso il porto,
ambigua e sporca la trattoria tu trovi
in buio vicolo nascosta.

Tavoli per gente
che non ha casa e non un focolare
che non ha donna e figli in apprensione.

Si mangia poco, male e a poco prezzo,
ma l'ambiente trovi
che a te s'addice
perché le storie tristi o allegre
sui volti d'ogni commensale
in geroglifica scrittura
puoi leggere.

Zia Maria
la donna più gioiosa,
che imbroglia e sbroglia,
antica fattucchiera.

Del fisco e della legge se ne frega,
vecchia meretrice,
che ride in faccia
a chi la minaccia,
dell'età forte e non più bella.

Lucida vecchia
ordina e dispone
sguatteri venti
e commensali mille
tutti a lei sommessi
e in umile rispetto.

Vivono tutti in gaia baraonda
nella trattoria affumicata e stretta,
che a turno accoglie
d'ogni specie gente,
solitaria e mesta,
o scanzonata e gaia
che al tavolo fa festa.

Ognuno alfine va
e zia Maria solitaria resta .
Conta i soldi suoi
e numera i suoi guai.

Tre barche

Sull'ultima onda del mare
vanno tre barche,
tre nuvole nere.

Tutto s'imbruna,
tutto ha il ricordo
raggrumato del sole.
Addio passata giornata.

Domani sarà come l'oggi e lo ieri:
solo un ricordo di vita
passata
svanita.

Cutrofiano, 1964

Uguaglianza

Vindice la morte
per buona o cattiva sorte
indistintamente
per tutti sopraggiunge.

Tarda a venir talvolta
ma, nel pieno d'una festa
o in letto d'ospedale,
negli sperduti campi
o in turbine di guerra,
per grandi e per piccini,
equiparando tutti
sotto il muto avello

d'un grande cimitero
o in fondo al mare nero,
giunge la morte vindice
gli afflitti a consolare.

E per color che afflissero
l'oblio del tempo
sulla deserta tomba.

Alcamo, 02.04.2003 ore 21,30

Ulisse

Ulisse
uomo unico
al palo della nave
stretto tra i cordami
dagli schiavi.

Delle sirene unico uditore
in cerca d'emozioni
struggenti e forti.
Conoscitor dell'uomo
e delle debolezze
che avvolgono la mente
e il cuore.
Navigatore solitario
pur tra tanta gente
in mezzo ai flutti
procellosi e neri.

Ulisse il nome:
nessuno e tutti.

CL, 22.11.2000 ore 17,30

Ultimo incontro

Mesti avevi gli occhi
di tristezza pregni.
Immenso fu il dolore
ma sapesti negarmi
la lacrima d'addio.
Ridesti al mio dolore
di bimbo adulto e innamorato;
volli tenerti
ma tu fuggisti
cerbiatta impaurita.
Volli carezzarti,
piano,
per non farti male,
ma il tentar fu vano.
Lontana già tu eri
e del mio dolore
ignara e incomprensiva.
Di libertà assetata
sei fuggita:
il cielo t'accompagni
e Dio t'aiuti.
Rivedo i giorni lieti
e rido amaro:
sedevi a cavalcioni sul mio collo
quand' ero fiero del tuo lieve pondo.
Non rifarò mai più con altra donna
quello che ho fatto
negli anni miei più belli.
Eri una bimba
e tale sei restata
nella mente mia.
Anche l'addio
fa parte d'un tuo giuoco
di bimba malinconica,
annoiata.
Ma or che vale
rivedere i giorni
quando in una chiesa m'aspettavi?
Allor com'uragano
il nostro amore,
povero sì,

ma impetuoso e forte,
mille clamori al ciel
mandava muti.
S'andava per la strada di Soleto
sicuri di noi stessi.
Ma or incerti
i nostri passi avanzano
per strade opposte e ignote,
e sempre avanzeranno
alla ricerca
d'una chimerica
felicità perduta.

Alcamo, 11.10.1972 ore 1,15

Ultimo viaggio

Gelida la mano
e fermo il suo respiro
nell'immoto movimento
della morte.

Resta ogni ricordo
fisso nel ricordo
dell'uomo ormai passato
che non racconterà
l'ultima avventura
della vita.

D'ignota meta un viaggio
ha intrapreso
e lieto in noi resta
il suo passato,
sereno e senza lotta,
forse il più saggio,
d'amore pieno
tra piccoli egoismi
ed un sorriso.

CL, 12.11.2001 ore 20,45

Uomo imbelle

Salìa,
salìa annaspando
l'uomo imbelle.

Non aveva pane
non avea bisaccia,
fu pieno di speranza:
quella il suo carco
quella la sua spinta.

Ma se voler fu forte
fur deboli le membra.

Guardò lontan la meta,
svanì l'ardore antico
e a terra giacque
nella notte nera.

Quando tornaron le giulive stelle
scrutaron nella valle
scrutaron su per l'erta
scorsero già morto l'uomo imbelle.

Cutrofiano, 1965

Vanessa

Come vortice va
Vanessa
nel mare della vita.

Turbine passa
col furor dell'età,
giovane e bella.

Non conosce ostacoli,
pericoli non paventa,
l'occhio ha lontano,
una meta fissa
e niente la tormenta.

Aurore e tramonti
oltre la cima dei lontani monti
mira
e tempeste e turbini in cielo
impavida sfida.

Un sorriso ogni tanto
forse una lacrima
rigano il viso.
Sanguenti i suoi piedi
ma ardita cammina
e sfida la vita.

CL, 11.07.2000 ore 14,28

Vecchi amici

Pochi gli amici
pochi veramente
nell'età più bella.

Pino Botrugno
che non tanto amai
Camillo Scrimieri
che talvolta odiai
Salvator Cimino
ragioniere a spasso
Franco Primiceri
disgraziato e illuso.
Altri non ricordo
ma mi ricorderanno:
io resto amico
nella mente loro;
ma altri e altri ancora
non mi rammenteranno.

Degli amici e dei vecchi conoscenti
nella vecchiaia noi ci ricordiamo
come figure su album stampate
che graditi richiamano gli eventi.

Ricorderemo male
o abbiamo cancellato
chi con cattiveria
i sogni nostri estinse.

Passano gli anni
gli ideali e noi.
I morti e i vivi
alfin s'incontreranno
all'ultimo traguardo
e solo nel ricordo.

Andato è l'entusiasmo
dei nostri anni verdi:
allor dinanzi a noi
il buio più profondo,
ma lottavamo
per giungere alla luce
d'un nuovo e roseo giorno.

CL, 13.02.2002 ore 19,00

Vendetta

Vendetta è la mia gioia.
Spietato fui nell'odio
spietato nell' amore
ed il mio amore
in odio è trasformato.

Nulla ricordo
né voglio ricordare;
l'offesa sol mi resta
e l'odio in cuore.
Pericoli tanti
per arrivare al segno
ho superato.

Bella e spietata,
prostrato innanzi a te
io t'adoro
e voto pur ti faccio della vita.

La mia compagna sei,
vendetta,
e nella morte
mi porgerai il guanciale.

Alcamo, 29.12.1972

Vendetta e ricatto

Vendetta e ricatto
nell'indole mia non sono:
non furono il mio forte.

Bisogno ha di pietà
l'umana debolezza
e l'arroganza ignobile
d'indifferenza tanta
e di dolcezza.

Alcamo, 31.05.2003 ore 1,15.

Vergogna

 Se l'uomo conoscesse
tutto il marciume
che occupa la terra
chiederebbe a Dio
pietà
e vorrebbe non essere mai nato.

Femmine vendute
a incapaci maschi
di vivere la vita,
senza vergogna o pregne di viltà.

Immondo è l'uomo
e spesso s'odierebbe
se occhi avesse
per guardarsi in cuore.

Un atto di pietà
di Dio sarebbe
un fulmine che annienti
le vergogne umane.

Ma Dio è immenso
e questo gran marciume
lascia che puzzi
e ammorbi il mondo intero.

Da un corpo putrefatto
talvolta nasce un fiore.

CL, 27.03.2001   ore 21,30

Violenza remota

-M'impedisce il cuore
d'essere felice….-
seduta sotto l'arco nero
di pietra lavica
al centro dello spiazzo
in confidenza disse
Amalia al suo bambino
ormai cresciuto.

E il cuor le si gonfiava
d'odio e di tristezza
contro il mondo intero.

L'avevan violentata
ancor piccina
in casa di sua zia
e in colpa si sentiva
ormai cresciuta
e odiava il mondo
per misantropia
radicata.

CL, 21.03.2001 ore 23,30

Vipera

Vipera è la donna
che al piede tuo attenta
e morde
dopo averla riscaldata
e in vita
dal letargo riportata.

La dolcezza finta
in amaro arsenico
trovi tramutata
se il capriccio suo
non s'accontenta.

E la carezza tua
un pugno poi diventa
quando s'accosta
e i denti ti digrigna
simile a tigre
di vendetta assetata.

*Alcamo, c\da Molinello
10.12.2002 ore 17,45*

Vita spezzata

Chiusa nella bara
al cimitero va
una ragazza.

Gelido un brivido
fa vibrar le membra.

Se ne va una vita
nel pieno della giovinezza.
Ognuno piange
ognuno vuol tenerla:
ma non tornerà.

O madre senza pace,
dal ramo tuo spezzato

goccia ancora il latte
nutriente della prima età.
La bimba era donna
e tu volevi ancor
tenerla al seno,
strapparla al tragico destino.

O donna, non più bimba,
la tua tempesta prima
t'ha stroncata.
Tu conoscesti l'alba della vita
e giovane e bella sempre rivivrai
negli occhi della madre mesta.

Castellammare del Golfo, 29.03.1974
ore 12,00

Vittoria

Quando si vince
tutti son contenti:
gli abbracci e i baci
fioccano a migliaia.

Sembra che il mondo
tutto intorno giri,
gioia e tripudio
unico elemento.

Viva!- si grida.
Viva!- e poi:-evviva!

Bella è la vita,
la vita infinita,
arcobaleno dai colori mille
che tu rincorri
che termine non ha.

Arcobaleno e vita
la vittoria.
Attimo infinito.
Respiro immenso.

Boccata d'aria
con occhi chiusi
e cuore palpitante.
Quando si vince
un attimo è la vita
immenso e colorato.

CL, 03.01.2002 ore 22,10

MARINO GIANNUZZO

Istantanee

PRESENTAZIONE

Ho letto Neruda. Ho letto Quasimodo.

Alcuni dei loro versi non mi sono piaciuti a prima lettura.

Mi sono chiesto: perché questi poeti sono apprezzati? Come se attendessi una risposta che negasse quanto universalmente asserito. Ma la risposta l'ho data io a me stesso: in senso positivo.

Alcuni componimenti, anzi alcuni versi, sono sublimi. È per questi che sono ritenuti degni di lunga memoria.

Mi sono sempre augurato che il lettore dei miei componimenti in versi, tra di essi, vi trovi almeno uno, uno solo, che lo colpisca e che mi valuti positivamente per quello.

Istantanee. Come foto.

E come foto almeno una lo impressioni e richiami la sua attenzione, lo commuova e in lui lasci il segno.

Alcamo, 23.10.07 ore 19,30

Marino Giannuzzo

Come io stesso auspicavo, Marino Giannuzzo ci ha fatto dono di un'altra splendida raccolta di poesie: "Istantanee".

Già in precedenza egli aveva dato dimostrazione di fine duttilità e varietà di interessi ma nella precedente raccolta, "Versi Sparsi", le poesie, se non tutte, molte erano riconducibili ad esperienze di vita vissuta e quindi autobiografiche. Solo nell'ultimo periodo, o della "Fissa Dimora", la sua attenzione si era spostata prevalentemente sul mondo esterno, che non aveva diretta incisività sul vivere quotidiano anche se percepito nel vissuto ambito esperienziale. La differenza più evidente con questa nuova raccolta sta proprio in questa semplice considerazione: in "Versi Sparsi" le poesie, presentate in ordine alfabetico, costituivano un ammasso di tessere sparse di un puzzle in cui la chiave per ricostruire l'insieme, per trovare il nesso che le legava, era l'ordine cronologico delle stesse. Il poeta cioè raccontava la sua storia personale di avvenimenti in modo più nascosto e di sentimenti in modo più esplicito. Nel testo "Versi Sparsi", le poesie sembravano così diverse tra loro perché l'ordine alfabetico metteva insieme testi scritti in tempi lontani, in situazioni emotive le più disparate e con tecniche acquisite con il trascorrere del tempo.

In "Istantanee" la diversità delle poesie è dovuta all'estro che di volta in volta muta soggetto: talvolta si dispiega in ragionamenti che scandagliano la vita nel suo mutevole evolversi, nella ricerca vana di un valido "perché?", altre volte il poeta si scopre in contemplazione di scorci paesaggistici ed eleva inni alla natura, altre ancora torna a palpitar d'amore fisico carnale o puro, com'è tra madre e figlio, o si riscopre pittore ed utilizza con dovizia di particolari la sua tavolozza, di precise e splendide parole, regalandoci ritratti attraverso la percezione dei sensi, non solo di quelli esterni ma anche di quelli della mente, memoria- estimativa -fantasia, ed infine i ricordi, la rimembranza di momenti particolari di vita vissuti nella giovinezza, che

sempre si affacciano alla mente, rivissuti in compagnia di se stesso.
Sono questi i nuclei tematici intorno a cui aggregare le sue "Istantanee", foto colte dalla mente per fissare momenti particolari della sua quotidiana esperienza di vita, vissuta nella realtà o nella fantasia.
Non è stato facile raggruppare le poesie.
Alcune parlano d'amore, ma nello stesso tempo ritraggono un personaggio, o uno scorcio naturalistico, e magari vi sono inseriti arguti ragionamenti, esperienze di vita vissuta che danno una personale interpretazione della realtà. L'estro poetico non si lascia facilmente ingabbiare in schematiche prefissate e alla fine ho individuato cinque tematiche.
Per due poesie, "Pianto Romano" e "Silenzio", non ho trovato validi motivi per inserirle in uno dei cinque gruppi e quindi le ho considerate facenti parte a sé e tra loro assolutamente diverse.

L'opera
La raccolta "Istantanee" comprende poesie che abbracciano un arco di tempo dal 28.08.2003 al 06.08.2008, quasi cinque anni, in cui la vena poetica si è dimostrata sempre ricca di estro, come falda copiosa di fresca e limpida acqua.
Come detto, le poesie sono state raccolte per nuclei tematici:
- Ritratti e dipinti con parole
- Inni alla natura
- D'amorosi sensi il canto
- Filosofia poetica o "ragionar filosofando"
- Riaffiorano i ricordi
- Poesie a parte
L'ordine delle poesie, all'interno dei gruppi, è dato dall'ordine cronologico delle stesse, e l'ordine cronologico, della prima poesia di ciascuno di essi, determina la posizione dei gruppi.

Sogliano Cavour, 25.01.2009

Antonio Magnolo

Ritratti e dipinti con parole

Fanno parte di questo gruppo poesie che si distinguono per il particolare uso delle parole, quasi docili matite, che tracciano precisi disegni o pennarelli che dispensano colori con impareggiabile maestria e che rivelano l'affinata abilità tecnica raggiunta dal poeta. I soggetti sono i più svariati: figure di donne, di personaggi particolari, se stesso, stati d'animo, la morte, quasi sempre di giovani donne, fiori.

Voce

Voce nella notte
che ti fa paura
nera e solitaria.

Mille pensieri
ti richiama in mente
di timori pregni,
privi di speranza.

Il cuor ti balza
e piccolo animale intimorito
nell'angoscia della notte
si rintana,
nella notte
che ti fa paura
nera e solitaria.

Alcamo, c/da Molinello,
28.08.2003 ore 0,10

Lidia

Batton le chiome i glutei.
Lidia saltella e corre
nel crepuscolo serale,
unico compagno
lo sciabordio del mare,

che l'acque sue non muove
e quasi stagno pare.

Nuda nel corpo
turgida nei seni
braccia e gambe
roteando al vento
armoniosa avanza
quasi in lieve volo
verso il buio immenso.

Lidia
puledra
indomita e selvaggia.

Alcamo, c/da Molinello 03.10.2003 ore 19,45

Alba

Dorme stanotte
nella casa accanto
Alba, donna occulta,
che alla speranza
ormai ha detto addio.

L'ha segnata il tempo.
Il tempo l'ha distrutta.

Giovane e bella,
ricordo dell'infanzia,
torna agli occhi miei.

Più non cura
le belle sue fattezze,
le chiome al vento
le gote di velluto.

Nella notte legge:
al sonno poi s'arrende
la finestra aperta
sulla notte scura.

Stanca riposa,
televisore spento.
Tutto intorno tace
ed Alba alfine ha pace.

Alcamo, 10.12.2003 ore 5:00.

Suore

Dietro il cancello
luminoso e puro
in alto sale
il coro delle suore.

Voci sonore,
squillanti, argentine,
s'intrecciano tra loro,
si sciolgono nel cielo
pregno d'incenso
dell'angusta chiesa,
calice terso di cristallo.

Musica è la voce
soave
priva di strumenti
che diano impulso
al coro arcano e dolce
delle suore.

Preghiera è il canto
che s'innalza al cielo
ardente di passione
di donne innamorate
d'un Essere Divino.

Alcamo, c/da Molinello,
08.01.2004 ore 18,50.

Francesca

Non è Francesca!-
dice la madre
incredula al marito,
che invano supplica
la figlia sua dormiente
perché si svegli
e ponga fine
al gioco maledetto.

Non è Francesca!-
illusione vana
pure per se stessa.

Credere non vuole
che sia andata via
senza un saluto
senza un bacio in fronte
la figlia sua diletta.

Orgoglio e vanto
fu la sua Francesca,
amore e gioia
per tutta la famiglia,
gioviale, sorridente
e pien di vita.

Or sul letto giace
immota e muta.

Rivivrà in eterno
negli occhi tristi

della madre mesta.
Rivivrà tra i fiori,
dei fiori il più splendente,
nella primavera
degli amici in vita.
Giovane sarà
la giovane Francesca
per gli amici suoi
quando appassiranno.

E tutti l'ameranno
perché per tutti
lei sarà "Francesca".

Alcamo, 29.01.2004 ore 14,55

Nemica

Viso sereno
è quello della morte.
Portamento austero
di persona adulta
o passo svelto e allegro
di vergine fanciulla.

Sorride a questo e a quello
e sorridendo
abbraccia due bambini
teneri ancora
nella prima età.

Minaccia il vecchio,
occhio truce e torvo.
Talvolta lo ghermisce
tal altra lo spaventa
poi sorridendo passa
e abbraccia questo e quello
giovani ancora
nel pieno della vita.

Amici lei non ha,
lei non ha parenti.

Unica e sola
nemica della vita.

Alcamo, 29.01.2004 ore 18,15

Pagliaccio

A letto agonizzante
la donna sua ha lasciato
l'umile pagliaccio.

Sul palco è giunto
e ridere farà
gioiosamente tutti.

Gli si torce il cuore
nel cervello ha tenebra
il pagliaccio.

Il mestiere suo
è ridere e far ridere:
mai pensieri tristi
che turbino la gioia
di chi ha pagato.
Ridere farà
tutta la serata
gioiosamente tutti.

Finisce lo spettacolo.
Solitario un angolo
nascosto
del festante mondo
è suo
ed in silenzio piange
stravolto il viso
impiastricciato il trucco
negli occhi e sulla fronte.

Maschera di mostro
è diventato
che fa paura a sé
quando allo specchio mira

la figura torva
di colui che in scena
ridente fu il pagliaccio.

Alcamo, c/da Molinello
19.02.04 ore 18,15.

Violacciocca

La violacciocca a marzo
nel mezzo del giardino
selvatica fiorisce
profumata.

Al sol si mostra e tende,
le intemperie sfida
di marzo sul finire
dei venti di scirocco
e della tramontana.

Tutto intorno inonda
d'odori e di colori
la violacciocca a marzo
che senza cure cresce
nel mezzo del giardino
profumata.

Alcamo, c/da Molinello,
23.03.2004 ore 16,30.

Sasà

Sasà per tutti
lo scemo è del paese,
sempre vagante
per le vie del borgo
tra diruti muri
di tuguri
abbandonati e muti.

Parla con essi
Sasà lo smemorato,
parla con Tutto
e il Nulla gli risponde.

Sasà ha ragione
ragione in quel che dice
ad animali e cose
ad uomini saccenti
che sorridendo ammiccano
allo scemo del paese,
che i comizi al palco
declama a nulla e a tutti.

Nessuno contraddice
per non fargli torto
e Sasà gioisce
quando le mani
battono i bambini.

Egli è felice
di tutti il più felice
pur se per tutti
lo scemo è del paese.

Alcamo, 07.04.2004   ore 6,30

Mariannina

Per i campi va
la piccola Marianna
con due canestri enormi:
raccoglie tra i rifiuti
la ricchezza:
cianfrusaglie ed immondizie varie.

A casa torna a sera
carica di mille porcherie.
Talvolta trova un frutto
talvolta un osso
tal altra un barattolo di carne
vuoto.

Si nutre Mariannina
come un cane
randagio tra i dirupi
di montagne
assolate e in fiore.

Ferma è il dì festivo:
è giorno di riposo.

Ma tutti gli altri giorni
con pioggia o con la neve
o al solleon di luglio
girovaga vedrete
la matta Mariannina,
piccola e sbilenca,
felice tra i rifiuti
cogliere dei fiori
tra pezze colorate
vetri luccicanti
e cadenti muri.

Alcamo, 07.04.2004 ore 7,00.

Cinzia

Capelli al vento,
sigaretta in pugno,
al bacio ubriaco
finge di sottrarsi
mentre lo sguardo
turgido di brame
dalla finestra
luccica lontano
in pieno sole
dalla collina al piano.

Cinzia il viso ha rosso,
ha il petto gonfio,
il labbro trema
nella brama ardente.

Le carnose labbra,
tumide al vento
che spira da ponente,
socchiude
e i denti
e gli occhi terge
di lacrime non viste.

Sulle labbra alfine
sugli occhi e sulle gote
s'abbatte la tempesta
di baci ardenti
appassionati e muti.

Tutta si offre
e tutto Cinzia tende
alle carezze e ai baci
dell'amante.

Or la canzone
dolci note spande
sugli appagati sensi,
sotto la finestra
che mira il monte e il piano,
al vento
che spira da ponente.

*Caltagirone, colle S. Mauro
01.05.2004 ore 15,20.*

Adultera

L'adultera è tornata
dopo il gran ripudio
e siede in casa
nel mezzo della stanza
sconsolata.

Siede come l'ospite
che da lontano arrivi
sconosciuta e stanca.

Forse è la vergogna
forse il pentimento
d'essere tornata.

I bimbi suoi commisera
commisera se stessa
e la trista sorte
in cui s'è avviluppata.

Pregne di odio
ha le sopracciglia
e lacrima non v'è
che ne rinfreschi il viso.

Serra le labbra
serra pure i denti
e bocconi ingoia
di malinconia.

Nel mezzo siede:
nel mezzo della stanza.

Con gli occhi segue
il padre dei suoi figli,
marito che non ama,
che muto va per casa,
l'adultera tornata,
che bocconi ingoia
di malinconia
pentita
d'essere tornata.

Alcamo, c/da Molinello,
28.07.2004 ore 8,15

Giovane e bella

Giovane e bella
della danza al passo
sei andata via
in primavera.

Gli amici tuoi
tutti son rimasti
a mirare intorno
la grande pietra nera.

Scivolasti
lieve come l'onda
sulla battigia
nella quieta sera.

Senza rumore
priva di sussulti
tacita e serena
come primavera.

Con la nota ardente
gioiosa frizzante
e di vita piena
sei tornata
alla madre terra.

Alcamo, 25.02.2005 ore 20,00.

Maternità

In carnale abbraccio
la madre serra il figlio
al petto verginale
come in incesto,
quasi maritale.

Abbraccio d'una madre
casto e puro
che la carne sua
tende a trasformare
in carne del suo figlio
con materno ardore.

Abbraccio d'una madre
tenera e gioiosa
abbraccio della madre
che d'amore è pregna
e di apprensione.

La madre veglia
veglia sul bambino
che abbarbicato al seno
latte succhia e vita.

Alfin s'addorme il figlio
sul petto della madre,
la madre poi s'addorme
sul capo di suo figlio
le braccia a protezione,
sepali di fiore.

Alcamo, c/da Molinello,
09.05.05 ore 15,00.

Sveglia

Suona la sveglia.
Squilla dalle sette
in una stanza
della casa accanto.

Nessun la ferma
nessuno l'ha vicina.
Suona la sveglia
per chi sveglia non ode.

Più non risponde
chi dovea destarsi
e accompagnare
i due bimbi a scuola.

Anche i bambini
sono ancora a letto:
li sveglierà
una mano sola.

Li ha spenti il gas.

Suona la sveglia
monotona e rompente
questa mattina:
squilla dalle sette.

Squillerà invano.

Torino, 17.05.05 ore 07,30

Daniela

Isola deserta
casa abbandonata
e vecchia
in mezzo alla campagna
solitaria resta.

Rossa una macchia
nel mezzo del giardino
è la buganvillea
viva sul mattino.

La padrona è morta
tacciono i suoi cani
e nulla fa rivivere
i momenti lieti.

Ferma è la natura,
fermo anche il vento,
morto è tutt'intorno
ciò che ha nome vita.

La padroncina, i cani,
i fichi d'India e l'orto
tutto intorno è morto
e non ha più vita.

Viva contro il sole
è la buganvillea
ma andata è ormai lontano
l'amica mia Daniela.

Alcamo, c/da Molinello,
03/09/06 ore 13,45.

Quiete

Sereno l'esser mio
volteggia in cielo.

Soffice nuvola
ove lo spirto posa
vento leggero spinge
oltre la luna
tra infiniti mondi
incontaminati e muti..

Momento di quiete
anche nel corpo
che sereno posa
sul divano.

Odo voci lontano
vedo luci nel buio:
sento immensamente.

Spirito e corpo giacciono
serenamente.

Alcamo, 23.10.07 ore 20:00

Sorriso

Sorriso d'una madre
col bambino in braccio,
un bambino brutto,
mostriciattolo piangente,
in piazza Ciullo ho visto
stamattina.

Era donna-madre
che col frutto-bimbo suo
gioiva beatamente.

Schiariva quel sorriso
il volto dell'infante
che sorridendo schiude
le labbra alla vita.

Il sorriso d'una madre
giovialmente ho visto
in piazza Ciullo.

Illuminava il volto
del piccolo il sorriso
e il piccolo sorriso
d'un bimbo neonato
illuminava il volto
d'una madre bella
dai brutti tratti
su un volto emaciato.

Alcamo, 23.12.07 ore 23:30

Ubriaco

Fissi gli occhi al cielo
guardava tra due nubi
una lucente stella
nella notte nera.

Degli ovattati passi
della madre gatta
non udì il rumore
che in testa ai suoi gattini
al buio lo cercava
miagolando.

Non girò lo sguardo
su chi c'era.
Non aprì la bocca
per ghigno o per sorriso.

Muto restò l'ubriaco
gli occhi fissi al cielo
fissi tra due nubi

nella notte nera
in cerca d'una stella

non vista
ma che c'era.

Alcamo, 04/01/08 ore 16:15

Donne

Brulicar di donne
in mezzo al verde mare
tra scogli e sabbia
come dorati vermi
sdraiate
o in posa verticale
od ambulanti al sole.

Eran le donne
dai cascanti fianchi,
eran le donne
dai pregni addomi
o dai seni turgidi
e puntuti,
o che scoperti i sessi
esibivan nudi.

Alcamo, c/da Molinello
06/08/08 ore 14:30

Inni alla Natura

Fanno parte di questo gruppo poesie nelle quali il poeta descrive le proprie percezioni emotive quando il suo estro è rivolto alla contemplazione di Madre Natura, nel suo insieme o nei particolari. Tutto è visto con l'occhio di chi si sente partecipe, "facente parte di", sia quando contempla e cieli e mari e monti e fiumi con sentimenti di gratitudine per la provvida natura, sia quando posa la sua attenzione su eventi catastrofici ed esprime la sua tristezza rassegnata perché consapevole che "di natura è frutto". In tutte è percepibile poetica coinvolgente commozione. Il lettore estasiato contempla, sullo schermo della fantasia, stupende immagini ed ascolta rapito musica divina nei versi.

Tifone

È giunto in piena notte
terribile il tifone.

Disastro ha sparso
e morte
per le vie del borgo
dove miseria
era al cospetto
di tutto il firmamento.

In mare s'è tuffato
e dalle acque è sorto
alto fino a Marte
mostruoso il gran tifone.

Acqua terriccio e masserizie varie
nel cielo roteavano sospesi
in mulinello vorticoso andanti
sopra il paesino abbandonato.

Pochi minuti
e tutto fu risucchio.

Scomparvero le case
vecchie e baraccate
scomparve la natura
misera d'intorno.

Solo disastro resta
e morte
sparsi su d'un piano
vile e desolato.

Passato è il gran tifone.

S'è sciolto e acquietato
morte spargendo
su tutto il suo cammino
e dove s'è fermato.

Alcamo, c/da Molinello, 15.09.2003
ore 16,30

Acqua

Acqua spumeggiante
che di balzo in balzo
scendi col ruscello
in primavera
le cime hai visto
d'innevati monti
solinghi, silenziosi
e in ciel stagliati,
sculture immense e naturali.

Conoscesti
i profondi abissi
dei terrestri antri
e degli azzurri mari.

Nell'etere librata
il formicaio umano
sulla terra miri
e irrori
in pioggia trasformata.

Alcamo, c/da Molinello 13.10.2003 ore 18,45.

Canne

Ulula il vento
alle fruscianti canne
stagliate al cielo
del vespertino inverno
sul piccolo canale
che lo sciacquio dell'acque
scioglie lievemente
verso il mare.

Silenzioso ascolta
il cacciatore
di acqua vento e fronde
la musica perenne
che sempre varia
sempre uguale e viva
tra le frondose canne
si scioglie lievemente
verso il mare
ed infinita.

Alcamo, c/da Molinello 31.10.2003 ore 16,00.

Uccelli

Stormi di uccelli neri
nel cielo roseo vespertino
vagano al vento
fresco di ponente.

In onde immense salgono
e ricadono
lievemente
per risalire poi
tra gli alti cirri
luminosi e immoti.

Nuvole in cielo
son gli uccelli neri
nella campagna
solitaria e bruna
di novembre.

I miei pensieri a stormo
vari color cangianti
tra gli alti uccelli neri
prima che il sol tramonti
in cielo vanno.
Tutto intorno tace.

Solo il rumore
d'un agile ruscello
e gorgoglio di acque
di piovosi giorni
ormai passati
odo d'intorno
e il mio spirto esulta
in piena pace.

Alcamo, c/da Molinello
29.11.2003 ore 16,45.

Musica

Dolci pensier la musica
nell'animo riverbera.

Antica vision rimembra
di piccoli selvaggi
crescenti nell'arena
che sempre ha nome vita.

Le guerre con i sassi
in campi avversi vedo,
i giochi coi nemici
che furono di ieri
nella sassaiola,
le corse per i campi
tra gli alberi ed i fiori
nei ruscelli asciutti
di piani sterminati
o a cogliere dei frutti
la sera nei giardini
per dimostrare a tutti
le mie capacità.

Come linfa scorrere
sento nelle vene
la musica suadente
in mezzo al gran teatro
che sempre ha nome vita.

Sale ai folti pini
nella natura verde
echeggia lievemente
nelle profonde valli.

Tutto intorno a me
inonda dolcemente
la musica suadente
come tant'anni fa.

*Alcamo, c/da Molinello 31.03.2004 ore
18,30.*

Vasca

La vasca in travertino
rotonda e colma d'acqua
scura è nell'inverno.

Vi guizzano dei pesci
vi guazzano i ranocchi
pullula la vita
nella melma nera.

Il sole si rispecchia
la luna vi s'infrange
di notte solitaria,
ma nella vasca è vita
sotto la melma nera
nell'acqua ristagnata.

*Alcamo, c/da Molinello, 22.04.2004
ore 18,00*

Castello

Vecchio castello
dai caduti muri
sotto la torre
mezza diroccata
pure le pietre
t'han portato via
per case e chiese
e travi sulla porta.

Solo i fantasmi
albergano nei vuoti
sotterranei androni,
nelle sale immense
prive di tetti,
senza vita tutte,
aperte al cielo
e sorridenti al sole,
dall'acqua invase
e dal vento erose.

Muri possenti
muri diroccati
dal tempo e dalla pioggia
muri ormai crollati.

Vecchio castello,
dimora dei miei avi,
dimora d'eremiti
e di carcerati,
grandioso al vento taci
al vento che ti porta
la canzone antica
sempre uguale
sempre varia e viva
della montagna in cima.

Alcamo,c/da Molinello
22.04.2004 ore 18,30.

Roccia

La roccia frastagliata
ricadente a picco
sull'acque azzurre
nel mare dello Zingaro
in pieno giorno vidi
al solleon di luglio.

L'espandersi leggero
dell'onda senza schiuma
nel profondo incavo
vecchio di mill'anni
giungeva dolce
ai sopiti sensi
in incavata roccia
nell'estate ardente
siciliana.

Furono i sensi
alfine in gran tripudio
abbarbicati alle membra tue
dolce fanciulla

sorta dalle acque
che gli anni miei rendesti
amabili e sospesi
tra il Nulla e il Tutto.

Con la risacca
rotolando l'onda
ora impetuosa e nera
dall'incavata roccia
nei profondi abissi
anima e corpo
risucchiati ci ha
e divisi.

Contro la roccia
frastagliata e bruna
la battente onda
di spumeggiante schiuma
nel vecchio incavo
vecchio di mill'anni
con fragor si schianta.

La fanciulla dolce
sorta dalle acque
e dai profondi abissi
nella fantasia
eterna è diventata.

Alcamo, c/da Molinello,
08.09.04 ore 17,30.

Stelle

Nella sera
limpida di stelle
pieno era il cielo
nero e senza luna:
solitario andavo
mio compagno un cane.

Nella sera illune
silente rimbombava
l'infinito.

Fu mio il paradiso.

Tra una stella e un'altra
io vagai
privo d'amori
d'odi e di rancori.

Era una sera
tacita di giugno
senza sussulti
senza amori e odi
e navigavo
con un cannocchiale
tra i mondi vari
lucenti ed infiniti.

Le stelle variopinte
e a mille luci
brillanti nella notte
io scoprii.

Eran le stelle
delle notti insonni
eran le stelle
dei viandanti scalzi
degli antichi Maja
e dei novelli Egizi
eran le stelle
che vedranno i figli
dei secoli futuri.

Eran le stelle
vigili ed eterne
sulle vite brevi
dei miseri mortali.

Alcamo, 21.01.2005 ore 19,00.

Temporale

Volteggiano nel cielo
grigio di gennaio
torbido i gabbiani,
sotto le nubi
che viaggiano a brandelli,
lenzuola dilaniate
dal vento dell'inverno
nero di neve,
bianche come il pane.

Schioccano le chiome
degli alberi al nevischio,
il tuono romba
e rotola lontano,
congiunge il fulmine
l'infinito cielo
al mare e al piano.

*Alcamo, c/da Molinello, 26.01.2005
ore 15,00.*

Capizzi

Al sommo della roccia
c'è Capizzi:
l'aquila miro
librarsi sulla valle.

Simile a nastro
ondeggiante al vento
il fiume acciottolato
si snoda lento
verde ed immoto
tra le pietre bianche
di novembre.

Miro Capizzi:
piccolo paese di montagna
baciato dalle nubi,
schiaffeggiato
dalla tramontana.

Il vento canta
canta tra le nubi
frastagliate e bianche
di novembre.

Questo è il paese
ove i viventi
muoiono a cent'anni,
nell'aria variopinta
della primavera,
privi di malanni.

Alcamo, 05.03.2005 ore 22,30.

Luccichio

Pisciato ho sulla terra
dentro un vaso
tra le piante nere
nella notte:
luccica la luna
in mille stelle.

Rombano i motori
sull'asfalto
e penetrando vanno
l'autostrada.

Dalla boscaglia
nella notte fonda
un grido di civetta
solitario e tetro.

Gli occhi ho fissi
alle mille stelle
che la luna invia
dalla mia pisciazza.

Alcamo c/da Molinello,
18.03.05 ore 19,00.

Nebbia

Come voci al vento
la nebbia sale in cielo
e nella valle scende
a ondate in primavera.

Pioggia insistente e fitta
la nebbia poi diventa
tra l'ondeggiar di canne
alla brezza della sera.

Ondeggiano i gabbiani
nel vento e nella nebbia
punti neri in cielo
nella grigia sera.

L'animo mio sopito
scruta di là dal muro
se un lume solitario
appare oltre la nebbia
e sul futuro.

Alcamo, c/da Molinello, 10.04.05 ore 11,15

Notturno campestre

Immenso mar mi fingo
tra le barche tante
all'orizzonte
quando di luci
la miriade scorgo
nella notturna nebbia
la campagna mirando
e i monti scuri
evanescenti in cielo
che non vedo.

Riposo la natura
e gli animali tutti
hanno trovato
nella notte nera.

Unica bestia l'uomo
nella notte corre
sull'autostrada
rovente ed infinita
che dove alfin lo porti
mai capirà.

*Alcamo, c/da Molinello, 31.07.05 ore
02:10.*

Nevicata

La natura tace
e gli alberi sonnecchiano:
dalla finestra miro
il manto bianco.

Stormi d'uccelli neri
solcano la nebbia
grigia del bresciano
mattino di novembre.

Sotto i bianchi tetti
le auto son ferme
in periferia
sotto i rami scuri
vestiti di candore
nel mattino freddo
di novembre.

E miro e son mirato
per gli appannati vetri
dall'inquilina mia
dirimpettaia
che un saluto accenna
e sorridendo indica
l'immenso manto bianco.

Roncadelle, 25.11.05 ore 10,30

Arsura

Arido il cuore
arida la mente
deserto senza oasi
sono diventato.

Arsa è la sorgente
che acqua non dà più
al ruscello antico
acciottolato.

Non cantan più
sul mattin gli uccelli
non odo più
il grillo sulla sera.

Morto è il sentimento
per il verso vita
morto è il sentimento
per il cuore pace.

Il volto tenero
di vergine fanciulla
più non ispira
il verso mio infocato.

La natura tutta
deserto è diventato
deserto senza oasi
e senza vita.

L'antica fonte
ha trovato uscita
tra falde fonde
nella terra ascose.

Or dalle sabbie
arse e desolate
ruderi emergono
di ere tramontate.

Alcamo, 20/02/06 ore 8:00

Gocciolio

Gocciola l'acqua
giù nel cortile
gocciola, gocciola
nel fontanile.

Gocciola l'acqua
limpida, fresca
giù nel cortile:
mai si riposa.

Gocciola l'acqua,
gocciola, gocciola,
gocciola a gocce
gocciola e tace.

Gocciola l'acqua,
gocciola, gocciola,
limpida, fresca,
gocciola e giace.

*Alcamo, c/da Molinello, 03/09/06 ore
14,00.*

Fico d'India

Il fico d'India
dai colori vari
spinoso e infido
a fine agosto
sulla pala sta
d'albero verdastro
e succulento.

*Alcamo, c/da Molinello, 03/09/06 ore
14,15.*

Sicilia

È il paese
dove le rondini
pur d'inverno stanno.
Sicilia bella
succo d'arancia
rossa e saporita.

Questa la terra
fertile e benigna
che figli ha dato
raminghi all'universo.

Amore e gioia
amore e fantasia
in questa terra
sempre troverai
o emigrante
che lontano vai.

Amore e gioia
amore e fantasia
tra le brune zolle
o nel mare azzurro
la natura tutta
d'intorno tu vedrai.

Per la Sicilia
amore eterno
in te porterai.

Alcamo c/da Molinello 06/04/07 ore 16:00

Pioggia

Goccia d'acqua
che dall'alto scendi
sulle foglie
a rinfrescar l'arsura
dell'estate.

Acqua piovana
acqua senza sale
tra le zolle scendi
la terra a rinfrescare.

Alcamo c/da Molinello 06/04/07 ore
16,20

Dormiveglia

Riempie il cuor la musica
salendo in alto e lieve
tra le cime erbose
dei monti siciliani
a primavera.

Nel dormiveglia vedo
le rondini e i gabbiani
del vento sulle ali
che al ciel salendo
tra i frondosi rami
saettano garrendo.

Gioisce il cuore mio
tra le frondose cime
con i gabbiani al vento
aquiloni sparsi
nell'azzurro immenso.

Alcamo c/da Molinello 11.05.07 ore
16:00

Nubi

Dietro la gran muraglia
di nubi minacciose
nere del mattino
balza tra l'arena
del cerchio di montagne
luminoso il sole.

Leggero il soffio
dell'estivo vento
rende il cielo limpido
a luglio.

Alcamo, c/da Molinello 12/07/07 ore
07:45

Scirocco

Vento caldo d'Africa
scirocco
sulla spiaggia d'Alcamo
infocata
nell'umida foschia
giunge mortale
per gli esseri viventi
nell'infocato luglio.

Alcamo, c/da Molinello, 24/07/07 ore
14,45.

Buio

Il buio della notte
neramente avanza.
Si spengono le luci,
una ad una.

Dormono i mortali,
ignari del domani,
ignari se la speme
avrà dei risultati.

Io veglio nella notte

conto mille stelle
nella notte illune,
nell'immensa notte.

Tacciono i grilli,
immote le farfalle:
tutto intorno tace
ma il cuore non ha pace.

*Alcamo c/da Molinello 14/09/07 ore
22:30*

Solitario

Solitario resto
nella notte scura.

Si spengono le luci
una ad una.

*Alcamo c/da Molinello 14/09/07 ore
23:00*

D'amorosi sensi il canto

Non sono molte le poesie che cantano d'amore ed in tutte si respira la serena tranquillità dell'amore vissuto nel sogno. Non si avverte il senso di smarrimento e di spossatezza di fisico e di mente che segue all'ansimare d'amore nella realtà, ma dolce torpore pervade l'animo e, chiusi gli occhi, si rivive ciò che il poeta con i suoi versi sussurra.

Estate

Lontana melodia
tra mille fruscii d'ulivi
gli spazi inonda
a noi d'intorno
e tu sulle radici
seduta miri
i tronchi dei filari
che paralleli vanno
ed infiniti.

La mano tra i capelli
come a bambin dormiente
la tua scorre lieve
sul capo mio che posa
nel grembo generoso
tuo
in piena estate.

Fremito ardente
i nostri corpi prende
e al ciel saliamo.

La melodia inonda
gli spazi a noi d'intorno
tra mille fruscii d'ulivi
che paralleli vanno
in piena estate
ed infiniti.

Alcamo, c/da Molinello
30.09.2003 ore 17,00

Amante

Luminosa appare
nella notte nera
la passione fervida
che arde il suo sentire.

Di bramosia fremeva
la dolce amante mia.

Vibrava tra le braccia
come canna al vento
tutta mi si offriva
abbarbicata a me.

La cullai nei sogni
e nei ricordi miei.

A me ritorna ancora
con ardor senile
nei pensieri miei
m'abbraccia e mi consola.

Alfin m'acquieto
spossato e sonnolento
nella notte nera
senza luna.

Alcamo c/da Molinello,
18.04.05 ore 17,15.

Bacio	**Fantasia**

Bacio

Ingenuo bacio
era il bacio casto
sulla bocca tua,
ma tutto ribollì
il sangue nostro.

Fu in subbuglio
tutto il tuo sentire
fu tutta sesso
la mia virilità.

L'antica giovinezza
nel corpo mio risorse
e il bacio lieve
diventò vulcano.

Tra le mie mani
le mammelle in fiore
di fanciulla fresche
lievi e vellutate.

Amore immenso nacque
amor che volle amore
ed amore ebbe
dalla ragazza in fiore.

Adoro la fanciulla
la bacio e l'accarezzo
ma il risveglio è solo
delusione.

Il sangue ribollente
s'acquieta nella notte:
sono svanite
le mammelle in fiore.

Alcamo, 04.12.05 ore 21,15

Fantasia

Io mi trastullo
con la fantasia
a sfogliar donne,
metterle distese
in roseo letto
tra carezze e baci
in bocca, al collo,
dietro le orecchie
e ai seni vellutati.

Labbra carnose
e soffici mammelle
tutte posseggo
con la fantasia.

Natiche tonde
rosee come l'alba,
cosce sottili
in offerta al sole
vibranti come canne
nei turbini del vento
sotto il corpo mio
con la fantasia
io sento.

Questo è l'amore
questo il sesso mio
quando riposo
e supino resto.

Il seno e gli occhi
di tenera fanciulla
dentro di me io sento
in caldo amplesso
tutto penetrato.

Ed amoreggio.

Poi m'addormento
della fanciulla
abbarbicato al seno
con la fantasia.

Alcamo, 07/12/05 ore 07,45.

Sesso

Poso la guancia
sulle tue mammelle
candide e sode
come neve al sole.

T'accarezzo il corpo
e l'anima in osmosi
mia nella tua
lieve si transuma.

Le labbra e gli occhi
i fianchi e il seno tutto
le natiche e le gambe
tutte di velluto
tra le mie braccia tendi.

I sensi miei
e la fantasia
nella notte accendi
nella notte pregna
di fulgida allegria.

Ardono i sensi:
arde il corpo mio
arde il seno tuo
e in deflagrante scoppia
fuoco d'artificio
l'essere nostro
dentro il ventre tuo.

Alcamo, 21/05/06 ore 1:30.

Filosofia poetica o "ragionar filosofando"

Le poesie che fanno parte di questo gruppo testimoniano una acquisita abitudine, quella del nostro poeta, di riflettere su tanti aspetti della vita quotidiana nel suo naturale evolversi. E come in altri precedenti componimenti non assegna premi e non emette sentenze, non individua sicuri eroi o specifici colpevoli, si limita ad analizzare i fatti perché di essi tutti, e ciascuno, ne siamo parte.
Una considerazione mi sorge spontanea: sono da ritenere "Istantanee", poesie che districano i meandri della ragione per interpretare le umane vicende? Forse lo sono. Pensieri che si affacciano alla mente e se non fissati svaniscono, e sol resta esile orma, vuoto smarrimento, come di rondini che si cimentano nel volo e sfrecciano rapide e scompaiono lasciando in noi l'ansia e il desiderio di vederle ancora.

<table>
<tr><td>

Arcobaleno

Se piove su di te
e brividi ti colgono
perché intorno è buio
e su altri il sol risplende
caldo e luminoso,
scruta bene intorno,
alza gli occhi al cielo:
un arco variopinto
detto arcobaleno
splenderà per te
se tu vorrai.

Passerà la pioggia
il freddo e il triste inverno.
Trascinerà le nubi altrove
l'arcobaleno
e dissolverà il sole
ogni nembo.

Alcamo, c/da Molinello 19.10.2003 ore 11,11

</td><td>

Crocifisso

La legge è legge
ed è ignominia
pure per Cristo,
pur se messo in Croce.

Espulso è stato
anche dalla scuola.

Non disturbava,
non ha detto nulla,
ed una legge
insulsa e ignominiosa
lo ha punito
pur se non dormiva
sul banco della scuola.

Fuori l'han messo,
fuori dalla porta,
pure Lui in castigo,
per non aver risposto

</td></tr>
</table>

alle argomentazioni
logiche e saccenti
che dettan leggi
e l'applicano a Dio.

Fuori!- Gli han detto,
Fuori dalla scuola!-

Povero Cristo,
nudo e crocifisso,
abbi pietà
dei miseri mortali
che oggi più di ieri
ignorano i peccati.

Alcamo, c/da Molinello
27.10.2003 ore 18,30.

Nonno

Ho detto ai figli miei:
andate al cimitero
ove il nonno aspetta
e veglia su di noi.

Ditegli: nonno,
quando le forze
sono insufficienti
dacci una mano
a spingere la ruota della vita.

Non capiva molto
il nonno
quand'era tra i viventi.

Ignorante ed analfabeta
non conosceva Dante
e un tale era Marconi
che abitato aveva
due strade un po' più in là
ed era morto.

Or che li ha incontrati
un attimo è bastato
per apprender tutto:
ottave, endecasillabi,
tangenti e cotangenti,
onde sonore
e di gravità la forza,
la filosofia
e l'invenzion futura
che tra mille anni
qualcuno inventerà.

Non capiva molto:
ora è il più saccente.
Se glielo chiederete
vi aiuterà.

D'animo è buono
il nonno
e nonno resterà
per sempre.

Alcamo, c/da Molinello,
16.11.2003 ore 12,40.

Viaggio

Trascina il tempo
un vecchio al guinzaglio
le gambe tremolanti
la schiena informe
il corpo macilento.

A sera è a braccetto
d'un giovane avvenente,
cordiale e lusinghiero.

Sprona la corsa
all'estremo faro,
premio certo
all'essere ardito.

Passano i giorni
e con lusinghe beffa
l'umana gioventù
il traditore tempo:
frena gli slanci
e i furori ardenti
dell'età più bella.

D'eterno è un segmento,
compagno in viaggio
nell'alba e nel tramonto
della vita,
che in nulla si dissolve
per il vecchio.

Alcamo, 04.12.2003 ore 17,30.

Cuori di madri

Il cuore di una madre
ho visto in mezzo ai fiori
d'un bimbo sulla tomba
nel vecchio camposanto.

Foto ridenti
su curati avelli
dove le madri
van cercando i figli
ormai lontani.

Squallide pietre
sono a noi d'intorno
ove di madri
più non batte un cuore.

Solitaria gracchia
solo una cornacchia
in cima ad un cipresso
unica compagna

a tutti i bimbi morti
che un cuor di madre
che pulsi non han più.

Alcamo, 13.12.2003 ore 12,45.

Natale

Col freddo e con la neve
è nato il Bambinello.

Il fratello muore
tra l'odio della gente
mentre Cristo nasce
in ogni cuore.

Cristo rinasce.

Nasce nei deserti
nasce oltre i mari
ma odio ci circonda
insulso e vile.

Cristo rinasce.

Nasce nella stalla
ma nell'uomo cresce
orgoglio e presunzione.

Cristo rinasce.

Pur per l'indigente
che colpa non ha mai
dei propri guai.

Alcamo, 21.12.2003 ore 19,45.

Sensazioni

Un ribollir
di sensi indefiniti
è lo spirto mio
nel buio della sera.

Gioia e dolore
tu vedresti misti
andar per mano
o in lotta e tristi.

Un uragan talvolta
scuote i sensi miei;
poi la bonaccia
l'affanno mio cancella.

Il sonno alfine vince
ogni mia stanchezza
ed ogni ambascia
mutasi in torpore.

Nel sonno mi si scioglie
la gioia ed il dolore:
nel buio tutto tace
e tutti i sensi han pace.

Alcamo, 09.02.2004 ore 0,25.

Vecchie case

Le bifore e le trifore
s'inseguono nel tempo
tra gli antichi archi
abbandonati.

I tetti aguzzi
dagli embrici già rotti
delle vecchie case
nelle città cadenti
peregrini e soli
sono e muti.

Gloria passata
fasti ormai perduti
di color che furono
i potenti.

Gente scomparsa
nomea dimenticata
anche dai muri
con lapidi cadenti
con scritte mozze
su marmi ormai consunti.

Queste le città
che ho visto nella storia
cantate a iosa
da vati e da poeti.

Cadono a pezzi
i pezzi della storia.

Cadono a pezzi
i simboli viventi
dell'antica gloria
e della morta boria.

Alcamo, 09.02.2004 ore 12,30.

Perseguitato

Perseguitato
in nome della legge.

Era un brav'uomo,
uno come tanti,
e come tanti immune
d'abietto servilismo.

Essere spia non avea voluto
e traditore degli amici suoi.

(Chi deve non dormire
per acciuffare il ladro
pretende che altri porgano
una celata mano
a tutto vanto e gloria
di chi di quella mano
vile si è servito
rovesciando i compiti
che la norma ha dato.)

Perseguitato
l'han condotto a morte:
stamattina si è suicidato,
di tutti amico schietto,
di tutti il più fidato.

Alcamo, 31.03.2004 ore 7,45.

Filosofia

Le contorte menti
dei filosofanti
voltano il mondo
dall'interno in fuori.

I visceri gli torcono
gli fan l'anestesia
lo girano e rigirano
in sala chirurgia,
vogliono capire
tutto com'è fatto:
da dove ha origine,
quale ne è il costrutto
e quale la sua meta.

Pirandelliano
l'argomento appare
ma è semplice com'acqua
il mondo naturale.

Dove parte arriva
e dove arriva parte
come in cerchio tondo
l'alta mente umana.

Arriva l'ignoranza
a comprender tutto
al par della sapienza.

Filosofia stantia
e ragionar moderno
giungono sempre
a conclusione antica:
al buon senso eterno.

*Alcamo, c/da Molinello 02.04.2004 ore
16,00.*

Sola

Gli amici se ne vanno
e tu rimani sola
col dolore e nel rimpianto
di chi ti fu compagno
fino a ieri
per spingere il carretto della vita.

Ma quel carretto
con forza e con coraggio
sola spingerai,
fermandoti talvolta
per la battente pioggia,
tal altra accelerando
nei giulivi giorni
che pur la vita serba
a chi dinanzi a sé
il fantasma ha solo
della morte.

Alfin vedrai
le luminose stelle.

T'aiuterà colui
che il cammin dei figli
guida da lontano.

Alcamo, c/da Molinello,
02.04.2004 ore 19,45.

Kamikaze

Felice il mondo
in piena pace:
questa la promessa,
con lui che tornerà
tra color che stanno
in questa terra,
ignobili
spregevoli e codardi
e destinati a perdersi
eternamente tutti.

Lui, il kamikaze,
sarà per loro
martire ed eroe
prescelto dall'Immenso
che tutto sa e dispone.

Tre chili di tritolo
l'han disintegrato
all'alba,
il piccolo Abukir,
e morte han dato
a quindici bambini
come lui innocenti
e ignari
degli avidi disegni
di color che hanno
carisma sui mortali
con promesse vane
e innaturali.

Alcamo, c/da Mulinello
26.04.2004 ore 16,10.

Calunnia

Verso gentile
generoso e vile
agli orecchi tuoi
la voce di colui
che ti propina
false verità
sugli innocenti.

Di giustizia par
la voce afflitta
e pregna di pietà
priva d' egoismi
e di turbamenti.

Acqua pura appare
che scende da ghiacciai
chiari e illuminati
verso il mare
nel mezzo delle scorie
torbide e melmose
di fabbriche industriali.

Calunnia il nome suo
avvelenata e falsa
che il cuore spezza
e l'esistenza strazia.

Alcamo, c/da Molinello 13.05.2004 ore 15,45.

Resurrezione

Come l'aratro,
nella terra nera,
che rinnova l'aria
alle radici
delle dormienti piante,
così la fanciullezza
se tormentata e triste
i dolci frutti dà
in primavera.

Tormento e pioggia
di giornate grigie
danno la vita
a giovani virgulti.

I sudor nei solchi
rinnovano la vita
ad ogni chicco
che ha sete di rugiada.

*Alcamo, c/da Molinello,
17.05.2004 ore 16,45.*

Pupazzo

Era un pupazzo
era alto e grosso
era di paglia
e detto fu paglino.

Era minchione,
minchione a tutto tondo,
era vigliacco
vigliacco sopra e sotto.

Era un buffone
si comportò da matto.
Volle darsi vita
ma restò pupazzo.

Restò di paglia
e detto fu paglino.

Alcamo, 31.05.2004 ore 17,15

Soffio

Novità che l'uomo
a natura apporta
durerà in eterno
nella mente umana.

Dura talvolta
più di cento vite
dura talvolta
una notte intera.

Ciò che la vita
o natura detta
è solo illusione
effimera e discreta.

Soffio divino
soffio dell'Eterno
momentaneo e vago
l'esistenza.

Eterno è l'uomo
di vita imperitura
di vita senza sosta
che in altra si tramuta.

*Alcamo, c/da Molinello
07.07.04 ore 15,00.*

Segesta

Brillano lontane
le luci sul teatro
nella nebbia fosca
della sera.
Rivivono gli antichi
echi d'oltretomba
di tragici a Segesta
di comici e drammatici
di greci e di latini
ignari d'altri popoli

che nell'universo
civiltà irradiavano
silenti.

(La gran muraglia
e il mare
i popoli divisero
all'umanità negarono
utili conquiste
per millenni.)

Tornano le luci
faro nella notte
e il dramma antico,
linfa riciclata,
rivivrà ancora
nella nebbia fosca
questa sera.

Alcamo, c/da Molinello,
27.07.2004 ore 20,50.

Realtà

Unica e sola
la realtà vivente.

È il nostro umor che detta
gli attributi a lei
in tempi e luoghi
che al sentire nostro
il mondo adattano
e gli eventi suoi.

Il vero d'uno
non è il vero altrui
e il grande e smisurato
dell'essere formica
è il piccolo e ristretto
d'elefante.

Infinita e una
per ognun che osserva,
diverso dal vicino,
pure da se stesso,
tra un giorno e un altro.

Ognun l'adatta e limita
perennemente a sé:
unica realtà
la realtà dei sogni.

Alcamo, 25.09.2004 ore 9,00.

Sogno

Lo giri e lo rigiri
quasi a piacimento
senza lo sforzo
della volontà.

Logica non ha
il tuo sogno:
cambia faccia a tutto
in gioia o in tormento
seguendo alfin l'istinto.

Sognai stanotte
un'avvenente donna
distesa nel mio letto.
Era un'amica
e abbracciai mia moglie.

Ebbi una casa
che non fu più mia
ma dell'amica,
amica di mia moglie.

Ebbi il possesso
di cose mai inventate
che ebbi in uso
col corpo o con la mente.

Ora vagavo
tra mille cose tristi
che vegliando
più non ricordavo.

Realtà novelle
altre dimensioni
sconosciute a tutti
eran le mie
e ne fui sommerso.

Era il mio sogno
molto vago e nudo
senza la logica
che mi assilla il giorno.

Alcamo, 15.10.2004 ore 07,45.

Ricchezza

Al possesso
dei terreni beni
è necessario
che ognun si dica:
basta.

Sono nemici
sono prigionia
quando ci hanno
in forma smoderata.

Sentimento insulso
attaccarsi ai beni.
Non aver paura
che te li portin via.

Colui che è saggio
distribuisce a tutti
quel che lascerà
per via.

Non è cristiano
questo ragionare,
ha solo il nome
di buon senso umano.

Sarà lieve
dei poveri il fardello
d'eternità al casello.

Il poco basta
il molto è maledetto.

Alcamo, 20.10.2004 ore 07,45

Peso

Stanno crollando
a dieci a dieci gli anni
dell'esistenza mia.

Come macigno
che dall'alto cade
io novello Atlante
li reggo sul groppone.

Avverto il peso
il peso sulle spalle.
Col macigno corro
verso il mare.

La paura è tanta.

Fingo iattanza
fingo gran coraggio
ma la paura è tanta
d'andare
in fondo al mare.

Alcamo 07.11.2004 ore 17,45

Cuore aperto

Hanno aperto il cuore
e m'han trovato il pus.

Nel cuor dei sentimenti
nobili ed attenti
ai dolori altrui
non han trovato nulla
dei moti miei apparenti.
Non han trovato nulla
i medici saccenti.

V'era un buco nero
e l'hanno riparato.
Ora ho un cuore nuovo:
sembro trasformato.

Ma i sentimenti miei
i nuovi e quelli vecchi
mi son rimasti dentro
nulla mi è cambiato.

Gli amori antichi e gli odi
sono ritornati
più di prima vivi
nel cuore malandato.

Ma forse non è il cuore
la sede dei miei nodi
la sede degli amori
e dei miei rancori.

Io li ho dentro tutti
dentro non so dove
forse nel mio sangue
forse nel cervello
forse alle ginocchia
oppur negli occhi miei
negli organi e nei sensi
che io mi porto appresso.

M'hanno aperto il cuore
ed han trovato il pus.

Cambiatemi i polmoni
cambiate pure il cuore
cambiate anche la testa
        le braccia e le mie gambe,
anche l'intestino,
e i sentimenti tutti
saranno sempre i miei,
quelli ch'ebbi ieri
e quelli del bambino
di tanto tempo fa,
del vecchio calcitrante
che pace in sé non ha.

Alcamo, 09.01.2005 ore 8,00.

Salto

Io me ne andrò
senza salutare.
Nella bisaccia
non avrò un pane.

Non avrò acqua
che disseti il cuore
non il ricordo
d'un sincero amore.

Il salto io farò
dal buio nel bagliore
e ciò ch'io vissi
non avrà più vita.

O forse il buio
sarà di là dal salto
ed è luce
ciò che mi circonda.

Eterno dubbio
che va oltre la morte.

Alcamo, 05.02.2005 ore 9,00

Illusione

Unico illuso
in questo mondo infame
sol'io resto.

Il mondo tutto
corre sui binari
come ai tempi
dei nostri morti avi.

Nel mondo intero
la femmina è venduta
anima e corpo
solo per danaro.

Non v'è regola
che regoli la vita.

Si brama il sesso
si vuol potere e gloria
l'euro si adora
grande dio vivente.

Saggezza grande
ognun di noi terrebbe
se un pizzico d'amore
di potere e gloria
con lieve affanno
dalla vita avesse.

Torino, 17.05.05 re 07,15

Tunnel

In fondo al tunnel
io vedrò la luce.
Non ricorderò
chi mi stava accanto
brioso o triste.

Tutti gli amici
da me non conosciuti
mi abbracceranno
e diranno: -vieni!
vieni a godere
questo eterno giorno
dove la notte
a tutti è sconosciuta,
dove il sole
non darà più vita
dove alla notte
non seguirà l'aurora.

Sulla mia tomba
questi versi scrissi
quando sognai
d'essere già morto
un meriggio afoso
nel mezzo dell'estate
mentre d'intorno
frinivano cicale
garrivano le rondini
e la natura tutta
era in gran fermento.

Alcamo c/da Molinello,
29.08.05 ore 19,25

Tempo

Il tempo corre:
claudicanti siamo
noi in un pantano.

Il desiderio resta
degli incompiuti atti,
d'apprendere, di fare,
simili a Dio
volendo diventare.

Il fuoco eterno
che arrovella l'uomo
alfin si spegne
nel mezzo del pantano.

E sull'uomo tace
pure il pio ricordo
di color che in vita
l'hanno venerato.

L'eternità cercata
mai conosceremo,
l'eternità agognata
appartiene a Dio.

Alcamo, 07/02/06 ore 4,00

Uomo

Essenza della vita
oltre la vita
è l'uomo
con il progresso
e le invenzioni sue,
punto invisibile
che scimmiotta Dio.

Che s'avvicina
dell'umanità
pregna d'orgoglio

e di presunzione
alla consunzione.

Egli presume d'essere Dio
e come Lui importante.
Piccolo nulla
re dell'universo
impotente.

Alcamo, 09/04/06 ore 12:20

Cristo

Ha perso un braccio
il Cristo
e in Croce non si regge
dove l'han messo
tanto tempo fa.

Anche i piedi
un bimbo Gli ha staccati
dal piedistallo
che ora più non ha.

Troppi gli anni
troppi son passati:
il Cristo è stanco
e in Croce più non sta.

Nessun Lo guarda
nessuno Lo adora
il Cristo rotto
che guarda da lassù

senza il braccio teso
ad abbracciare il mondo
e l'altro fisso al chiodo
che lo trattiene su.

Alcamo, c/da Molinello,
20/06/06 ore 20:00

Pensiero

Risucchiato
nel vortice di vita
andato è il tuo pensiero.

Tornerà
sotto altre spoglie.

Fuggevole è passato
senza lasciar traccia
un ricordo o scia
che illumini il cammino
dell'esistenza tua.

Fissalo al momento
con un chiodo al muro,
il labile pensiero
vuole andar col vento.

Alcamo, 12/01/07 ore 16:15

Passaggio

Tutti siamo cresciuti
ed invecchiati.

Siamo rimasti tutti
senza volto
e le sembianze nostre
trasformate
da lontani amici
sconosciute.

Eran le nostre
sembianze giovanili
amabili, belle,
dagli anni trasformate.

Degli attributi antichi
serbiamo dei ricordi,
solo effimere

sembianze giovanili,
breve passaggio nella vita.

Alcamo, 13/05/07 ore 15:15

Piccoli visi

Cento visi
piccoli di bimbi
rosei e ridenti
tutti affascinanti.

Piccoli e belli
pelle vellutata
guance di rosa
di pesca han le labbra.

Scompariranno
dei bimbi i rosei visi.

Andrà via con gli anni
anche l'incanto
dei bimbi rosei
come fior di pesco.

Alcamo, c/da Molinello,
24/07/07 ore 13:10

Caleidoscopio

Caleidoscopio l'uomo
affascinante
mutevole nel tempo
uguale mai a se stesso.

Sfaccettature mille
per ogni movimento,
mille i colori,
vario il sentimento.

L'uomo di ieri
che vidi nello specchio
altro trovo oggi
pure nell'aspetto.

Chi amai ieri
oggi è fonte d'odio
e la natura tutta
intorno a me
mutevole è nel tempo.

Alcamo c/da Molinello,
18/09/07 ore 20:00

Tronco

Vecchio tronco
galleggiando va
per infinito mare
spinto dai flutti
tra cento scogli aguzzi.

Il vecchio tronco
mille bufere ha visto,
e bonacce tante,
mille disastri,
navi in fondo al mare,
ma, tronco vecchio,
vecchio da mill'anni
viaggia col vento
girovago sull'acque.

I continenti ha visto
di ogni dimensione,
ha spiato popoli
negli intimi meandri.

Viaggia
il vecchio tronco
d'albero indistinto
e salutando va
le stelle e il sole

con lo straccio bianco
impigliato ai rami
ondeggiante al vento.

Alcamo, 25/09/07
ore 14:45.

Ruota

A mani nude
sterco rivoltavano
di uomini e di muli
inverno e primavera
i nostri avi.

V'eran costretti
da chi negava un pane.

Or la vendetta
cova in fondo al cuore
dei discendenti
dei diseredati.

Vengono dal mare,
di là dalla montagna,
gli affamati
padroni del domani.

Ruota la storia,
antica giostra lenta,
gira sospinta
da generazioni.

Domava l'umile
chi fu ricco ieri.
Passano gli anni
passano i millenni.

In lento vortice
saremo riuniti
al centro della terra
dal Nulla inghiottiti.

Finalmente
forse tutti uguali.

Alcamo, c/da Molinello
30.09.07 ore 09,45

Versi

Dinanzi a me
rotola il tempo
come palla in china
su fianco di montagna.

Versi pressano altri versi
tra le dita
come perle di collana
che sparse vanno
su carta in filigrana.

Nasce al mattino il sole
e la giornata illumina
di vita.

Dinanzi a me speranza
dinanzi a me la gioia
e palpiti dell'anima:
ali mosse dal vento
si librano nell'aria.

Alcamo, 21.01.08 ore 08:

Riaffiorano i ricordi

Fanno parte di questo gruppo poesie che si richiamano, in tutto o in parte, a esperienze di vita vissuta e che ritornano nel ricordo, in particolari momenti, quando la memoria insegue immagini che, pur nella nebbia del tempo passato, si riaffacciano e con il sentimento acquisiscono nitidezza.

Orchestra

Stasera in piazza
sul palco c'è l'orchestra
per tutti i popolani.

Prova il violino
la corda del lamento,
la tromba a tratti
allegra e scoppiettante
tremola nel vento.

L'arpa e il clavicembalo
s'accordano lontano,
del flauto al fraseggio
risponde il clarinetto
ed il sommesso corno.

Rimbombo di tamburo
odi in sottofondo.

Tintinnano gli ottoni
ed eco allegra fanno

agli squillanti piatti.

Poi tutto tace.

Ed un ometto
simile a pinguino
dinanzi a tutti
richiama l'attenzione.

Un, due, tre.
Ad un suo cenno
riprende vita l'arpa,
si sveglia ogni strumento;
e nel coral tripudio
festante la fanfara
in cielo sale.

Estasiati stanno i popolani
e muti
beandosi dei suoni
armoniosi e lievi
che l'orchestra manda
nella sera stellata
al vento.

Alcamo, c/da Molinello,
22.10.2003 ore 18,30

Dolore

Nel mezzo dei ricordi
tristi e ormai lontani
nella notte buia
io mi ritrovai.

L'affanno del passato
in gioia s'è mutato.

Il futuro nostro
baratro appare

nebbioso e senza fondo
incerto e scuro.

Del viale in fondo
noi scorgiam la fine
dei desideri nostri
ma non dei nostri affanni.

Solo il passato è certo.

L'affanno ed il dolore
vita più non hanno
ma luminosi giorni
porteranno.

La china han superato
di profonde valli,
gelide e nebbiose
d'inverni ormai lontani.

Oggi gioia regna.

Alcamo, 10.12.2003 ore 3,45.

Lupinelli

Per le vie del borgo
nel vespero d'estate
passava il venditore
di lupini sotto sale.

"I lupinelli,
i salatielli te lu mare"
iva bandendo
per vicoli e viuzze
poco vendendo
tra poveri tuguri.

Correvano i bambini
a comprar lupini
sotto acqua e sale
e aromi al naturale,

dal venditore
ciarlatano e stanco.

Queste le gioie
di color che furono
vecchi bambini
dopo la guerra
dentro la fame
per i folli deliri.

"I lupinelli,
i salatielli te lu mare":
vecchia cantilena
e dolce
odo la notte ancora
quando all'infanzia
chiusi gli occhi ho fissi.

Alcamo, 24.12.2003 ore 8,45.

Rimembranze

Tra gli eucalipti
ombrosi del viale
che porta al monte
la brezza di maestrale
io m'assisi
sulla panchina
dai secoli consunta.

L'adolescenza
gli amori ormai perduti
ivo seguendo
sugli amati poggi.

Rivedevo Bina
gli occhi stralunati
tra l'erba e i fior dei prati.
Più in là Pinuccia
nell'arsura e al sole
aprir le braccia
ed anelare amore.

Erano i tempi,
i tempi ormai lontani,
della giovinezza.
Erano i tempi
infelici e duri
che la vecchiaia
rende cari a tutti.
Tra gli eucalipti
all'ombra del viale
passano i giovani,
ignari degli amanti
dei passati tempi,
che di poggio in poggio
lasciano i segnali
dei focosi giorni
e delle notti ardenti.

Io resto qui,
sulla panchina
dai secoli consunta,
a rimembrar Pinuccia,
Bina e Rosalinda
tra gli eucalipti
ombrosi del viale.

Alcamo, 25.05.04 ore 7,45.

Sogni

Non ricordo più
i sogni miei.
Sono svaniti
e vita più non hanno.

Erano gagliardi
possenti ed infiniti:
sono scomparsi
di vita nei meandri.
Sono scomparsi
volatili chimere.

Nati son altri
sogni senza vita
vane illusioni
che spingono nel vuoto
che non ha confini
come i sogni vani
come i sogni vuoti
sogni privi di vita
e senza gloria.

*Alcamo, c/da Molinello,
10.06.2004 ore 17,10*

Dora

Fragrante è il sorriso
sul labbro di mia moglie.

Simili a rose
son le gote sue.
Come diamanti
brillan gli occhi suoi
ridenti.

Felicità
attorno lei propaga
e i tempi neri
non ricorda più.

Dora si chiama
e d'oro ha i capelli,
gioia nel cuore,
gioia nei pensieri.

Dorme serena
nella notte quieta
quando una gamba
sulla mia riposa.

Il tunnel della vita
buio ha traversato.

Era tragedia
pure il suo riposo,
era tristezza
ove per altri
tutto fu letizia.

Ora c'è gioia
solo gioia immensa.

Guarda il tramonto
e scorge un nuovo giorno
mira l'inverno
e vede primavera.

Tutto è speranza
tutto ha nome vita.

Nelle mie mani
i battiti del cuore.

Alcamo, c/da Molinello,
24.06.04 ore 04,45

Fidanzatini

Gina Lariano
la più bella fu
delle bambine
nell'elementari.

Due fossette ai lati
delle guance rosa
due occhietti vispi
neri e appassionati.

Era bambina
e bambino io.
Due fidanzatini
ingenui e puri.

Fummo lontani.

Divenne madre
io più non tornai.

Solo il ricordo
di fidanzatini
ora rimane
dell'età che fu
d'ingenui bimbi
ingenui e puri.

Alcamo, c/da Molinello
15.07.2004 ore 12,45.

Vanagloria

Giungerà la gloria
quando non sarò
viandante in questa via.

Ora esulto
rincorrendo i sogni
ipotesi esistenti
virtuali e vive.

Giungerà
giungerà non vista
dagli occhi aperti
che mi porto appresso.

Giungerà
per la gioia d'altri
quando il mio giorno
sarà notte scura
quando ridendo
l'esser mio consunto
disprezzerà la gloria
che vagheggio ora.

Alcamo, c/da Molinello,
28.07.2004 ore 07,00.

Petalo

Era scritto "t'amo"
sul petalo di rosa
secco da trent'anni
per la fanciulla
che ora non c'è più,
per la ragazza bionda
dagli occhi verdi e vergini
e teneri che fu.

Il petalo di rosa
viva ha conservato
tra i colori scritta
l'antica giovinezza
tra i versi di Rimbaud,
dimentico del tempo
che pure è scivolato
tra gli ingialliti fogli.

Che scivola sui fogli
che scivola su noi.

Il petalo è rimasto
come il primo giorno,
un po' mummificato.

I capelli biondi
gli occhi verdi e dolci
di vergine fanciulla
tenera che fu
sono scomparsi
con l'età più bella
di color che scrissero
sul petalo di rosa
secco da trent'anni
un po' mummificato
tra i versi di Rimbaud:
un ardente "t'amo".

Alcamo, c/da Molinello,
24.08.2004 ore 17,00.

Solo

Solo
nella quiete misantropica
più nera
sono in questa via
e se taluno
essere vuole
compagno nel mio viaggio
indifferente resto
o indisponente.

Bramo l'amico
che tutto dia per nulla,
che amico sia
solo per me stesso,
come Cristo in croce.

Ma io non ho un amico
che meco s'accompagni
e quindi solo resto
in questa via.

Alcamo, 06.12.2004 ore 0,45.

Clausura

Tra le magnolie
i mandorli e i cipressi
in mezzo ai preti
e ai monaci io vissi
l'adolescenza mia.

Notai finocchi
notai bisessuali
nel desiderio ardente
di giovani fanciulle
ch'eran le suore
cui sedevo accanto
nell'immensa chiesa
presso l'altare
dei sacrifici umani.

Dei sacrifici
della giovinezza
delle fanciulle
e di tanti giovinetti
dal bisogno oppressi
e in cuor straziati.

Alcamo 26.01.2005 ore 8,30

Quassù

Tornato son quassù
tra le bianche nubi
rotonde e a pizzi
frastagliate o esili
del cielo.

Vorrei schivarle
per tuffarmi in mare
tra salatini e bibite
di un'hostess ridente
che rallegra il cuore
in questo cielo immenso
impalpabilmente vero.

Alitalia, 14.05.05 ore 13,30.

Zora

Taciturni gli occhi
alle morenti stelle
volgea la cagna mia
nella silente notte.

Tornava con la notte
ove gli umani
e gli animali tutti
nel silenzio eterno
torneranno.

Fu la mia compagna
dei momenti tristi
fu la mia compagna
nelle gioie immense
in mezzo alla natura.

Unica amica
fu nella campagna
unica amica
muta fu e sola.

La padroncina piange
la morte della cagna;
dei festosi giochi
ha perso la compagna.

Rigida sta
nel grembo di carriola
gli occhi al cielo fissi
a mirar la luna
che sul mattino scende
ad occidente.

L'orizzonte roseo
tutto riveste
il pelo della cagna
di colore vivo
che ondeggia a sprazzi
al vento di montagna..

L'amica mia Zora
all'orizzonte è andata
stella con le stelle
al roseo sorgere
del fulgido mattino.

Alcamo, c/da Molinello,
10/03/06 ore 18,15.

Giungla

Navigammo
nella giungla nera
tra le paludi
i canali e i fiori
in superficie all'acqua
tra gli alberi marciti
e le zanzare.

A cielo aperto
in canoa poi fummo,
il sole ci abbagliò
e un alito di vento
fresco e voluttuoso
dalle scorie
ci purgò la pelle.

Era la giungla
con le paludi
i canali e i fiori
in superficie all'acqua,
l'inabitato ambiente
da maculati amori.

Vergini fummo
in amplessi casti,
tornati alla natura,
tornati ai nostri padri,
ove scoprimmo
d'essere già nudi,
ove scoprimmo
i nostri pudori.

Rinati ci trovammo
in verde paradiso
ormai sperduti
nella giungla nera
tra le paludi
i canali e i fiori.

Alcamo, 26/05/06 ore 7:45.

Vecchi amici

Gente nascosta
dietro baffi bianchi
sotto le barbe
lunghe e sconosciute.

Sono gli amici:
amici ormai invecchiati
in una foto
non riconosciuti.

Solo qualcuno
serba le sembianze
della giovinezza
da tutti ormai smarrita.

Eran gli amici
con opinioni avverse
eran gli amici
delle aspre controversie
eran gli amici
delle notti insonni
per i viali
del tacito paese.

Sono mutate
le sembianze antiche
che restano nel cuore
ferme sui vent'anni.

Tutti invecchiati:
sono volti nuovi
rubicondi o tristi.

Son passati gli anni
siam passati noi
tra i colpi bassi
e i turbini di vita.

Alcamo, 30/09/06 ore 18:45

Viaggio solitario

Nella giungla
tra alberi crollati
ed infinite liane
viaggiavo solitario
libero cerbiatto
in libera natura
senza padroni
cacciatori e cani.

Tra acque nere
scivolanti a valle
senza rumori
cascate
o fruscianti canne
la barca mia
scivolava lenta
come il tempo lenta
tra nubi di zanzare
che zigzagando
frenetiche negli occhi
e nelle orecchie
vanno.

Fuori dall'ombra poi
fuori d'apprensione
nel mondo chiaro
che mostrava il giorno
con la barca fummo.

In silenzioso mondo
d'ogni convivio ignaro
anima e corpo vergini
in vergine natura
senza padroni
cacciatori e cani.

Alcamo, 20/10/06 ore 22,40

Rose

Ladro di rose fui
nel mezzo del giardino
comunale.

Colsi la rosa nera
che altrove non trovai,
mi punsi con la gialla
e le rose porpora
con quelle strinsi.

Profumate e vive
nella notte candida
sotto la luna piena
sul finir di maggio
di tanti anni fa.

Eran le rose
che non potei comprare,
rose per l'amante
che placida dormiva.

Con le rose rosse
e nere di velluto
all'alba la svegliai.

Nell'abbraccio tenero
mi punsi
e il labbro dolce
il sangue mio leccò.
Leccò il mio sangue
il petto e l'ombelico.

Giacemmo tra le rose
giacemmo tra i profumi
con l'amante mia
respirando amore
sul finir di maggio
di tanto tempo fa.

Alcamo c/da Molinello
03/05/07 ore 16:35

Zia Antonia

Povera fu,
ma ricca di tanta fantasia
nei ricordi miei
resta zia Antonia.

Raccontava favole
di lontani tempi
ed aggiungea di suo
tra una volta e un'altra
particolari mille
inesistenti e vivi
come fu la vita
delle belle favole
ripetute e nuove
al lume di candela
per noi bambini
le sere di campagna.

C'eran le stelle
a illuminar la notte
la notte buia e scura
silente estiva.

Piccoli e felici
eravamo attorno
ad ascoltar la zia
la cara zia Antonia
che di sera in sera
nel mondo della luna
ci facea viaggiare
sul tappeto volante
della fantasia.

Alcamo, c/da Mulinello
25/05/07 ore 17:00

Vita

Mia madre moriva
e alla luce
un capretto veniva.

Osservavo la vita
nascente da una palla di acqua
agli occhi miei
di bambino.

Naturale la morte.
Naturale era la vita.
Naturale un lamento
ad inizio di vita.
Naturale un lamento
principio di morte.

Ero bambino.
Avevo dinanzi la vita
e ignoravo la morte.

Mia madre moriva.
M'aveva dato vita
tra gioia e dolore
in atto d'amore
e passione.

Alcamo 28.06.08

Poesie a parte

Strana abitudine quella di voler a tutti i costi imbrigliare in rigidi schemi di catalogazione quanto esaminiamo; qualche volta, e per fortuna, ci sfugge il nesso che potrebbe legare ad altri uno scritto. Per le poesie sotto riportate ho voluto risparmiarmi questa assurda ed inutile fatica, lascio ad altri, se mai lo vorranno, trovare altra diversa collocazione.

Pianto Romano

Pianto Romano
detto fu quel colle
ove battaglia
fu cruenta e forte
ove i Borboni
dispongono alla morte
gli infelici
villani di borgata,
ove son giunte
le camicie rosse
di sangue degli eroi.

Sui petti scorre
il sangue e sulle mani,
sangue glorioso
dei garibaldini
che alla morte vanno
anonimi eroi.

Pianto Romano
detto fu quel colle
che immoto guarda
lontano i campanili
dell'oscuro borgo
di Calatafimi
ma non più per noi.
Sacrario austero
di ossa degli arditi
mira lontano
il mare e i monti neri,
ricorda ancora

il grido degli alpini
che eco fanno
all'avventuriero:
qui facciam l'Italia,
l'Italia degli eroi.

Alcamo, c/da Molinello 11.02.05 ore 18,30.

Silenzio

Datemi il silenzio
il mio silenzio muto
con Bach e con Vivaldi
con Puccini e Verdi.

Datemi il buio
senza bei colori
suoni e realtà
viventi.

Bramo la calma
dei mari tropicali
bramo la vita
di esseri sperduti
su pianeti
incontaminati.

Bramo la pace
degli esseri viventi
solitari e muti.

Alcamo, c/da Molinello 04.08/08 ore 13:30.

MARINO GIANNUZZO

Versi adolescenziali

INTRODUZIONE

Alla veneranda memoria di mia madre
che non ebbi per sostegno nei teneri miei anni
e che pur ricordo tanto.

Spesso rileggendo i versi che risalgono alla mia adolescenza quasi mi vergogno, sia per la forma sia per il contenuto di essi. Tuttavia ritengo che essi servono a far comprendere il viaggio che ha fatto il mio spirito e quindi sono giunto alla conclusione di lasciarli vivere così come sono nati, salvo aver tralasciato alcuni ed altri averli ritoccati qua e là per renderli presentabili. Un grazie veramente sentito va all'amico Antonio Magnolo che con pazienza e bravura ha accompagnato le mie esternazioni in versi per ben quattro mie raccolte, compresa la presente, con impostazioni e interpretazioni quasi sempre da me condivise.
Alcamo, 30.01.2003

Giannuzzo Marino

Prefazione, impostazione e commenti
di Antonio Magnolo

Conosco l'autore, al quale mi lega sincera amicizia, fin dagli Anni Sessanta. Ho avuto già l'onore di leggere e commentare due raccolte di sue poesie edite nei testi *"Versi Sparsi lungo il sentiero della vita"* ed *"Istantanee in versi"*, nonché *"Riflessi in versi"*.
Quello che qui mi preme sottolineare, è l'intuizione, forse inconscia, esplicitata sotto forma di augurio per l'autore e per nostro auspicato diletto: - *Che si verifichi il detto "Non c'è due senza tre"*.

In effetti qualcosa lasciava intuire che altre poesie mancavano all'appello delle due raccolte. Come giustificare la mancanza di esaurienti testi ispirati dall'immatura scomparsa della madre? Il nostro autore ha goduto delle sue carezze solo nei primi quattro anni di vita. Era dovuto a questi sbiaditi ricordi il silenzio di sentimenti. Fra i tanti espressi in versi, mancavano, infatti, quelli nei confronti della madre. Eppure l'autore ci aveva avvertito dell'esistenza di altre poesie. Nella sua introduzione a *"Versi Sparsi"*, al primo rigo scrive: - *Fin dall'adolescenza sono stato cultore della poesia.*

Probabilmente, al lettore me compreso, la frase suggeriva di appassionate letture di poeti incontrati nel corso di studi. Ma l'introduzione continua con l'esplicitare ciò che il nostro poeta intende per poesia: - *"Ho sempre inteso la poesia non come esternazione di espressioni forbite, ma come sentire intimo, sovente non espresso in alcun modo e non conosciuto dagli altri"*.
Quanta verità in questo pensiero non ben compreso, almeno da me. Era sorta in me la convinzione che Marino avesse voluto dare un taglio netto con il passato della sua infanzia, negli aspetti affettivi, lo avesse voluto cancellare dalla mente e dal cuore.

La voce dell'orfano

La poesia come dialogo con se stesso, ma anche dialogo con la madre, avvertita presente proprio per quanto struggente è ciò che gli manca. Alcune semplici cose di vita quotidiana, come la voce della mamma che gratifica, rimprovera, rincuora; quanto è struggente il silenzio di questa voce che manca ma egualmente avvertita, quasi assordante. Quanto manca la carezza di quelle mani che scivolano sul risvolto del lenzuolo mentre augurano la buona notte, o sussurrano parole di incoraggiamento più salutari delle medicine per un bimbo ammalato. Quanto manca lo sguardo che sa indagare, sulle pieghe del viso, le piccole gioie o i dolori dell'infanzia. È confortante credere che, pur assente fisicamente, la mano della mamma ha guidato i passi del poeta quando erano incerti, ha dato luce al buio della sofferenza, ha asciugato lacrime da altri non viste.

E fui solo

E fui solo,
solo, o Signore.
Era un giorno della mia vita
gioioso,
e fui triste.
Solo un mazzo di rose,
lontane,
dai colori bizzarri
e senza odore:
le mandava mia madre,
stampate.
Eppure mia madre non c'era …
La mia fantasia
trasfigurava ogni cosa.
E fui solo,
solo, o Signore.

E vegliai …

Col pianto alla gola
volli dormire.
Ma il sonno vagava lontano.
Mi sentii disperato.
Volli morire,
ma la fede trattenne la mano.
Volli andare lontano
lontano
lontano,
tornare alla mia fanciullezza
vedere un bimbo felice,
e non seppi.
Il pianto serrava la gola;
chiusi gli occhi
e vegliai.

Ho atteso

Ho atteso,
ho atteso tanto,
essere ignoto.

Ho pianto ed ho sorriso
con me stesso.

Cercai una mano
chiesi un sorso d'acqua
un attimo di pace
alla notte nera.

Ma solo il pianto
l'unico mio pianto
udii tornar con l'eco.

La nonna

C'era la nonna
nella tacita sera invernale.

Il bimbo posava il capo
sulle ginocchia dell'ava.
Ascoltava la fiaba:
"… una bimba saliva …".

Era stanca la nonna,
chinava la testa,
dormiva …

Il bimbo la scosse pian piano:
- nonna, racconta …

Riprese a narrare la nonna:
"… non aveva la mamma …".

Poi il bimbo era vinto dal sonno,
il capo posava nel grembo
e sognava …

L'ultimo bacio

E ti rivedo, madre,
nella bara.
Sul cereo volto tuo
regnò la morte
e il flebile mio pianto.

Tutto per me torna tetro
pensando all'ultimo momento.
Un bacio in fronte
e chiuso fu il tuo letto
ligneo e duro.

L'aurora torna
ed il ciel sereno.

Io rivedo te
nella notte immensa
te rivedo in sogno
piango sul guanciale
come sul tuo capo.

E il dolor s'acqueta
più lieve è la sventura
quando al sonno cedo.

Ceglie Messapico, 22.05.1960

Madre suprema

Madre suprema,
o morte,
in una notte lontana
ti volsi una prece.

Lunga è l'attesa
ma spero.

Vieni nel sogno
strozza il mio grido di gioia,
io t'amo

t'invoco
t'imploro.

Vieni, madre suprema,
dea della notte.

Fissami gli occhi negli occhi
attirami sotto il tuo manto
poi spezza con mano rapace
ogni mia speme,
ogni mia giovane fibra.

Madre

Viso di madre
che non torna più
or ti rivedo
sorridente,
pieno di beltà.

Labbra d'amore
sul mio capo chine
eran le tue, o madre.

Dolce la mano,
placida al passaggio,
mi ritoccava
nei bei sogni d'oro,
nell'oscurità.

E ti rivedo
china sul guanciale
un fulgido mattino
per svegliarmi piano
con le labbra dolci,
madre.

Un sorriso mite
sfioravano le mie
ed un bacio
chiedevano alle tue.

Ma or non più.

Non più quelle tue labbra
sulle mie gote chine,
non più il sorriso
né la carezza in fronte.
Tutto andò via,
andò via con te.

Ceglie Mess. 30.03.1960

Melanconia

Piange il cuore mio
nell'infinito
grigio d'autunno,
desolato.

Vorrei cantar nel buio
ma non so;
il cuor mi si dilata
senza un perché.

Attendo un'anima
da tanto.
Non giunge
e non so cos'è.

Ceglie Mess. 1959.

Perdonami

Perdonami
se non potrò
venir da te domani;
ma ti ricorderò
io t'amo ancora.

Un fiore vorrei portarti
un bacio
come una volta,
ma non posso.

Tu mi perdonerai,
continuerai ad amarmi
come una volta,
madre.

Un fiore e un bacio

Il ricordo,
solo il ricordo d'una festa

avrò domani.
Non altro.

Un fiore ti portai
ti diedi un bacio
ti feci le promesse.
Ma or non più.

Vorrei che tu ci fossi
ancor domani
essere un bimbo
augurarti vita
ignaro dei tramonti.

Ritorna dolce e triste
il tuo onomastico,
ma tu non tornerai.

T'avrò con me nel sogno
ti stringerò al mio cuore
mi sveglierò contento
ma più infelice.

Solo il ricordo
di te avrò, o madre.

I sentimenti

Sono composizioni, di cui alcune riferiscono di rapporti interpersonali: più rari con il prossimo, più frequenti con Dio. Il contesto in cui vive l'autore, il seminario, determina eventi e circostanze in cui questi rapporti hanno luogo. Trasferimento da una sede ad un'altra nel prosieguo degli studi, ricorrenze e festività religiose. Altri testi traducono stati d'animo dell'autore, sentimenti vari, gioia paura delusione ansia, dai toni sempre ovattati di grigia malinconia, mai liberi di esprimersi con l'impeto proprio dell'età adolescenziale.

La capinera

Chiusa è la finestra
e vuole entrare,
ha beccato il vetro,
di sangue
rosso ha il petto
la capinera.

O mia capinera,
resta dietro il vetro,
non forzare;
fuggi lontano
ripara nella valle,
ti coprirà una foglia,
troverai un nido;
meglio la notte scura
e il gelo
che l'umana mano.

Chiedi riparo al fico,
ritirati sul colle;
se tu morir dovrai
sarai ancor felice,
rivivrai nel seno
della libertà.

Laurignano, 1961

La mia gioia

La mia gioia:
non so dirla.
Mi dice tante cose
che la bocca non sa dire.

È poesia,
è un incanto,
è un tesoro,
son parole tutte d›oro
che a voi non so ridire.

Levo lo sguardo e penso:
c›è la luna che guarda
dietro il vetro appannato.

Ceglie Mess. 1959

L'Ave

Si spande nella valle il suon dell'Ave.
Un fremito scuote il platano
un altro il pino,
mormora tra i sassi il pio ruscello:
-Ave, Maria!-

S'arresta il carrettier lungo la via,
china il capo e dice:
- Ave, Maria!-
Ode il cipresso,
piega la cima
e tra i sepolcri
di color che furono
sussurra mesto:
- soccorri il misero
che ti ha amato,
perdona a tutti,
Madre …

Ed una voce affiora sul labbro,
voce d'azzurro e di pace,
voce senza parole:
- Ave, Maria! … io t'amo.
Il mio anelito ardente
vuole essere puro,
Maria,
madre mia,
sposa dell'eccelso Signore;
le azzurre pupille
volgi alla colpa …
Con l'ardente tuo amore
distruggi l'antica mia voglia
infondimi vita,
pace nel cuore …

Notte di luna

Lo sciabordio del mare
sotto i nostri piedi
e tu vicina
nella notte di luna.

Taci
ed il tuo amore dici
tutto in silenzio.

Le nuvole bianche
guardano da lassù
la nostra esistenza.

Notte di Natale

Squillano le campane nella notte.

Il Bimbo è nato,
ha emesso un vagito.

Fuori la natura è bianca,
solo una stella al firmamento
e il campanile squilla.
È festa nella notte.

Il Bimbo è nato,
il Redentor del mondo.

Bimbo dal cuore umìle,
Bimbo dal cielo sceso,
abbi di noi pietà.
I nostri error confondi
coi meriti tuoi grandi.
Guarda il nostro nulla,
abbi di noi pietà.

Pioggerellina di marzo

Pioggerellina di marzo
che picchi e tintinni sui vetri
va via,
non tornare mai più.

Lascia il cielo nitido e terso
gli uccellini volare e cantare,
la natura tutta fiorire.

Lascia il mio cuore gioire.

Lascia al povero la via non fangosa,
sul suo viso risplenda la gioia
di potere per il mondo vagare.

Ed al bimbo un azzurro sereno
in cui l'occhio si fissi non mesto
per il grigio che ora vi sta.

Ceglie Mess. 05.03.1960

Il desiderio è vago,
il desiderio è forte
ma volar non so.
Guardo solo estasiato.

Ceglie M. 23.04.1960

Poesia

Poesia,
sei un soffio
un alito dolce
di primavera.
Se passi nessuno t'afferra;
se sosti un istante
riprendi fugace l'andare
e più non ritorni.
Sei fuoco
che avvampa le membra
sei ala che libri la mente
alito ardente
d'intensa passione,
poesia.

Vago desiderio

Garriscono le rondini nel cielo.

Esprimer voglio
la mia gioia in versi
ma la mano
non segue il mio pensiero.

Alte sono le rondini nel cielo
volano cullandosi nel vento,
m'invitano a volare,
anch'io lassù.

I segni delle stagioni

Testi che si rivolgono alla natura cogliendone gli aspetti legati al ciclo delle stagioni. L'età con i suoi fervori si impone anche ad un'adolescente rinchiuso nella cella di un seminario. Quando si è giovani si assapora fisicamente, con il diverso fluire della linfa vitale, il tepore assonnato di primavera, il soffio caldo dell'estate, la fantasia di colori dell'autunno, la pungente frusta del rigido inverno. I testi traducono con fresca immediatezza il candore giovanile della sorpresa. Altre poesie cantano le meraviglie del creato; nulla sfugge all'occhio curioso ed indagatore del nostro adolescente poeta: nuvole, foglie, uccelli, paesaggi. Il bello c'è dappertutto, occorre avere occhi adatti per vederlo, cuore sensibile per gustarlo e farlo gustare.

Autunno

Cadute son le foglie
morto è ogni fiore;
spoglio ogni ramo rimane
nella spoglia stagione.

I ricordi più lieti
sono seccati.
Non ulula il vento
non s'ode tempesta,
e la pace non resta
nei cuori.

Morta è l'antica mia speme,
morta ogni gioia lontana,
solo il pianto mi resta
in seno alla notte,
come la notte
sugli embrici rotti
sui rami stecchiti
sui fiori già morti.

Campane e nuvole

Squillano le campane
stamattina.
Si spande il canto
per il cielo
nell'aura che va
sempre più sbiancando.

Spinte dai bronzi
scompaiono le tenebre
all'orizzonte.
Il cielo è grigio
e nubi chiare
vanno col vento
sempre più lontano.

Non s'ode più la squilla
ogni rintocco
s'è perso nella nube,
è bianca la natura.

Altra nube muovesi
pian piano,
poi vien l'azzurro;
indi di gioia
una gran burrasca
precipita su me
che sto a guardare.

Ceglie Mess. 27.01.1960

Crepuscolo

Scende la notte placida e serena.
Sembra che giunga
sull'ali del vento,
mentre con l'ultima
squilla d'argento
fugge lontano ogni pena.

Apparsa è una stella
all'orizzonte;
avanza, corre,
cade dietro il monte.

Tal degli umani è la speranza.

Ceglie Messapico, 1960

Il saluto

Tutte a stormo
le rondini
sfrecciando han gridato:
siam giunte stamane,
siam giunte.

Volteggiano in alto i garriti.

Il cielo è sereno,
gli alberi in fiore
luccicano le foglie
a mezz'aprile.

Hanno atteso
la brezza
per tornare.

Ceglie M. 23.04.1960

Inverno

Terso è il firmamento
nel chiaro mattino d'inverno.

Guardo il muro di fronte:
più lontano l'occhio non va.
Sono recluso.

Una nuvola rossa è passata,
altra grigia la segue dappresso:
il mio sguardo è fisso nel vuoto
vede un'altra più oscura passar.

Le nuvole seguon le nuvole,
s'accavallano
le une sull'altre,
gonfiano:
il mio cielo
è sempre più nero.

Ceglie Mess. 1960

Istantanea

Grigio è il cielo
nel torbido inverno.

Ceglie Mess. 1959

La tremula luna

La tremula luna
nell'acqua la vedo brillare.
Balza sul muro,
la vedo oscillare
tra i rami ed un fiore:
vorrei
la sua gioia capire,
ma non so cominciare:
è l'eterno, divino mistero …

Laurignano, 1961

L'acqua

In alto,
tra le pietre taglienti
della morena
l'acqua filtra dal ghiaccio
sotto la luce ardente
sotto la neve immota
sempre uguale
sempre nuova ed infinita.
Nera è la notte e senza luna.
Ma fra gli strappi della nuvolaglia
già brillano le stelle
e l'acqua se ne ingemma
come il cielo.

Manduria, 1962

Nella campagna

Ci fu la notte densa di bufera
ora c'è l'azzurro cielo sospirato.

L'inverno ormai è lontano:
resta il ricordo
di tenebre e di pioggia
del giorno e della notte,

ma luce e cielo azzurro
ora miro.

La brezza muove l'erba
e l'agnelletta bruca
giù nel prato,
mentre una bimba
va cogliendo fiori.

Un alberello immobile
è nel campo,
sembra fissi il sole

che declina.

Io guardo il sol che fugge.
Rossastro è il cielo
annuncio di sereno.

Bruna diviene
la natura intera,
gli alberi son mostri
arrampicati in cielo
mentre la bimba
torna al casolare.

Tacciono i nidi
tra gli alberi fioriti,
nel silenzio resta la natura.

A rischiarar la notte
un lumicino giunge
da lontano.

Ceglie Mess. 28.03.1960

Notte invernale

Romba l'uragan per l'aere tutto,
s'agita la natura nella notte.
Viene da lontan l'urlo del vento,
e nulla gli resiste.

Passato ormai è il fragore.
Diradansi le nubi una ad una,
una stella riappare al firmamento:
ormai la notte è serena e bruna.

Più terso è il cielo,
la luna pare che sorrida,
brillano le foglie
nella luce nera.

In una conca d'acqua
la luna si rispecchia
mentre d'intorno
dorme la natura.

Ceglie Mess. 1960

Sera

S'ode il tintinnar de la campana
giù, nella valle, con voce argentina
e il vento modula una voce arcana
tra i dirupi della vetta alpina.

Fugge il pensier mio dietro la vita
che avanza, fugge e pare infinita.
Scende la sera, giù, nella vallata,
ogni ombra torna alla casa amata.

Nel buio chiaro appare l'orizzonte
un lume buca le persiane rotte
bianca s'alza una luce dietro il monte.

Sembra venga l'alba e non la notte:
nella luce non v'è macchia alcuna
ed ecco balzando apparir la luna.

Ceglie Messapico, 1959

Sera di Laurignano

La luna
un campanile
tre lumi sopra una croce:
tre stelle.

Sotto
il borgo dorme:
Laurignano.

Laurignano, 1961

Tramonto dorato

Là, ove il sole declina
la pupilla si perde.
Il tramonto ha il colore dell'oro,
la nube rosseggia,
la vanga
compie il suo duro lavoro.

Il cipresso lontano
immobile posa,
il sole declina
e il monte nereggia.
L'acacia non fruscia
ogni voce già tace.

Nella valle brilla una face.

Ultimo sole

Le case
già bianche al mattino
son rosse con l'ultimo sole
al tramonto.
Sono stanche
e s'apprestano al breve letargo.

Visione mattutina

Sospesa al ramo
è una gocciolina
di brina
dopo la notte nera.

Di cielo un lembo
sceso è nel giardino,
luccicano degli alberi
le foglie.
Brillano i fiori
al sole del mattino.
La dolce brezza
li culla piano piano
ed un uccello
posa lor vicino.

Un'ape succhia il nettare.
Altra ape vola
nell'infinito azzurro.
Il sole,
punto bianco
domina il creato.

Ceglie Mess. 1959

Visione notturna

Nitida è la notte
del chiaro inverno,
brulican le stelle
per l'aere tutto.

Tra gli oscuri monti
immensa appar la luna
a rischiarar la pace
della notte.

Ceglie Mess. 1960

Filosofia giovanile

Sono tanti i perché che assillano un adolescente; ancor di più un adolescente strappato anzitempo ai sereni trastulli dell'infanzia e lasciato solo nei dubbi esistenziali dell'adolescenza. Non trova esaurienti risposte, non ha vissuto esperienze di vita, non ha accanto chi possa suggerire la via e dar con affetto le cercate risposte. L'affanno di vita costringe ad un passo veloce per raggiungere traguardi che diano sicurezza e forza per riprendere il cammino. Sorprende la maturità di pensiero espressa in questi testi. Con spontanea filosofia ricerca il sospirato filo d'Arianna per districarsi tra gli oscuri meandri nel labirinto della vita.

Cuore senza pace

Il cuore è in tormento
e non ha pace.
Se un attimo attende
alla fontana
per un breve sorso
di felicità,
riprende poi l'andare
senza meta.

E tu, amica mano,
non puoi raggiungerlo
per sussurrargli
una parola
che a lui dia pace
e a me quiete
per l'eternità.

Foglie

Passa …
Come un turbine passa
la nostra esistenza.
Foglie sospinte dal vento
noi siamo
che salgono i monti
e ricadono al piano,
dilaniate dai rovi
e inzuppate di piova
ritornano
nel fradicio limo.

Foglie,
non altro che foglie
ogni nostra speranza.
La realtà è nel nulla.
Noi siamo felici
nell'eterna illusione.

Dura è la vita
dura è la terra
che ci alletta e c'inganna.

Foglie,
non altro che foglie
noi siamo.

Fugacità

Sei andato col vento,
momento di gioia fugace,
ed ora sol resta il tormento
di non poterti afferrare.

Giovinezza mia

O giovinezza,
giovinezza mia,
canto della vita,
fermati con me.
Rimpiangerti
nell'età matura
io non voglio.

Scenderà la sera sull'aurora,
giungeran le tenebre,
ma tu resta.

Nella sera oscura
gli occhi chiuderò:
la tua immagine
tornerà alla mente,
ma tu non più.

Sfiorita sarai,
o giovinezza,
più non tornerai:
no, no,
più non tornerai,
dolce e triste giovinezza.

Ceglie Mess. 29.04.1960

Illusione

Punto sperduto
nell'universo
che s'allarga in concentriche sfere
alla conquista del Tutto
son io.

Poi guardo in me stesso
e scopro la Notte.

Attorno al mio capo
volteggiano mille chimere
morte speranze;
ho l'oro nel sogno
e un pugno di nulla
se veglio.

Son grande fallito
son re prigioniero.

Io rido

Io rido felice
se guardo me stesso allo specchio,
se guardo dipinte sul volto
tante illusioni.

Ma dimmi, mia dolce chimera:
che cosa riserva il domani,
prima che giunga la sera?
Noi nulla sappiamo, mortali;
felici gli antichi
leggendo i lor fati.

Noi uomini nuovi
guardiamo innanzi e lontano
ignari del baratro immenso
che attende di là.

E rido felice
se guardo me stesso allo specchio

se guardo dipinte sul volto
tante illusioni.

La foglia

Col vento d'autunno
cade la foglia
nel mezzo del giardino.
La foglia vola e posa
ritorna alle radici
con la piova.

Risorge poi sull'albero
col fiore;
la linfa l'ha lanciata fin lassù.

Passa l'estate,
cade con l'autunno
torna ad essere
la foglia che fu.

Così vorrei che fosse la mia vita.
Ma senza l'infuriar delle tempeste,
senza tramonti,
sempre primavera.

Ma non c'è gioia
se non c'è dolore.
Io sono foglia
che rinasce e muore.

Ceglie Mess. 1960

La fonte

Quando incontro
una fonte per via
m'attardo a mirarla
e cerco qualcosa
che forse non c'è.

Quel limpido rivo
non è che illusione
che va come la vita
verso l'abisso
tetro dell'eternità.

Poesia epica

Affascinano, nello studio del liceo classico, le grandi opere epiche: L'Iliade, L'Odissea, L'Eneide.

Il nostro giovane poeta ne avrà certamente subito il fascino e ciò non meraviglia, è fascino comune ad ogni studente di Liceo Classico. Singolare, invece, è il fatto che abbia avuto voglia di cimentarsi in questo genere raramente riscontrabile in un adolescente.

L'ultimo canto d'Achille

O sommo Giove,
o Dio che mi creasti per il pianto,
immenso Tutto,
annienta la mia vita,
annienta,
annienta.

Nacqui per illudermi e soffrire.
Tu mi facesti per le tristi lance,
tra quelle mi gettasti
con nel cuore l'odio.

E odiai.

Presi la mia lancia,
trafissi e fui trafitto
ed or qui giaccio.
Amai e non fui amato:
amor mi fe' geloso,
piansi e piango.

Ma deh!
Pietà di me,
pietà, pietà:
stronca la mia vita.
Atropo, fa' presto,
spezza, spezza,
in seno al nero Tartaro mi voglio.

Il sommo Giove esaudì la prece
e Achille giacque
il valoroso Achille.

Terra di eroi

Nella notte silana
la luna rischiara la valle
e fuga le ombre dei monti.
Ma quando torna il mistero
a coprire con l'ala ogni cosa,
chiacchera al buio il Busento
e ricorda gli eroi.

Alarico, polso di ferro,
leva l'inno di guerra
spinge gli audaci alla lotta,
parla di gesta e di gloria.

Di Rovito la valle rintrona:
"l'Italia fu grande,
l'Italia non è; bisogna che sia!".
Attilio ha il cuore squarciato,
Emilio già cade nel sangue,
abbracciando il fratello.
"Italia!" han gridato;
e l'Italia ha levato il suo canto,
osannando agli eroi.

Alla notte silana
il Busento ricorda gli eroi.

Laurignano, 1961.

Epilogo

Non avrei mai immaginato una mole così sostanziosa di testi poetici, e che testi poetici. Se, come ho avuto modo di affermare nel commento a "Versi Sparsi lungo il sentiero della vita", Marino Giannuzzo, con le sue poesie, racconta la sua storia personale di avvenimenti e di sentimenti, questi *Versi Adolescenziali* lo fanno in modo ancor più esplicito e a cadenza assai ravvicinata. Che cosa è, infatti, questa silloge ancora inedita di *Versi Adolescenziali*? La storia, e lo sfogo in versi, delle emozioni percepite da un adolescente rimasto orfano all'età di sette anni. Egli si sente defraudato di quanto altri coetanei hanno la fortuna di avere e di godere: la presenza fisica ed affettiva della madre. Nella sua mente i tanti perché della sua condizione di orfano. Ed oltre a tutto ciò, non certo assenti, le pulsioni avvertite, come tutti, nell'adolescenza, e che è costretto ad inibire perché chiuso nelle mura di un seminario …, unica possibilità di continuare gli studi. Per certi aspetti ho rivissuto le percezioni emotive di quando, da ragazzo, ho letto il romanzo *David Copperfield* di Charles Dickens. Come allora mi son commosso, ho avvertito gonfiore negli occhi e se, questa volta, non ho pianto è perché già conoscevo il lieto fine. Per concludere: *Versi Adolescenziali* possono essere letti come un romanzo in versi.

Sogliano Cavour li 02.04.2011

Antonio Magnolo

INDICE

RIFLESSI

VERSI SPARSI

ISTANTANEE

VERSI ADOLESCENZIALI